EL PEQUEÑO LIBRO

DE LA

WICCA

EL PEQUEÑO LIBRO
DE LA
WICCA

UNA INTRODUCCIÓN A LA BRUJERÍA

CASSANDRA EASON

edaf

MADRID – MÉXICO – BUENOS AIRES – SANTIAGO
2024

Título original: *A Little Bit of Wicca*
© 2017. Cassandra Eason
© 2024. De la traducción, José Antonio Álvaro Garrido
© 2024. De esta edición, Editorial Edaf, S.L.U., Jorge Juan, 68 — 28009 Madrid, por acuerdo con Sterling Publishing Co., Inc. Publicado por primera vez en 2017 por Sterling Ethos, una división de Sterling Publishing Co., Inc., 1166 Avenue of Americas, New York, NY, 10036, representados por UTE Körner Literary Agent, S.L.U., c/ Arago 224, pral 2.ª, 08011 Barcelona, España.

Diseño de cubierta: © Sterling Publishing Co., Inc., adaptada por Diseño y Control Gráfico
Maquetación y diseño de interior: Adaptada del original por Diseño y Control Gráfico, S.L.

Editorial Edaf, S.L.U.
Jorge Juan, 68
28009 Madrid, España
Teléf.: (34) 91 435 82 60
www.edaf.net edaf@edaf.net

Ediciones Algaba, S.A. de C.V.
Calle 21, Poniente 3323 — Entre la 33 sur y la 35 sur
Colonia Belisario Domínguez
Puebla 72180, México
Telf.: 52 22 22 11 13 87
jaime.breton@edaf.com.mx

Edaf del Plata, S.A.
Chile 2222
Buenos Aires – Argentina
edafdelplata@gmail.com
fernando.barredo@edaf.com.mx
Teléf.: +54 11 4308-5222 / +54 9 11 6784-9516

Edaf Chile S.A.
Huérfanos 1179 – Oficina 501
Santiago – Chile
comercialedafchile@edafchile.cl
Teléf.: +56 9 4468 0539/+56 9 4468 0537

Junio de 2024

ISBN: 978-84-414-4286-3
Depósito legal: M-545-2024

PRINTED IN SPAIN   IMPRESO EN ESPAÑA

COFÁS
Papel 100 % procedente de bosques gestionados de acuerdo con criterios de sostenibilidad.

CONTENIDO

QUÉ ES LA WICCA, SUS ORÍGENES, Y CÓMO FUNCIONA LA MAGIA

LA WICCA, EL ARTE DE LOS SABIOS, ES LA EXPRESIÓN PRÁCTICA del sistema espiritual y de creencias de aquellos que trabajan de manera seria y reverente con la magia. Se centra en el uso consciente y responsable de los poderes psíquicos naturales, cósmicos y personales, para convertir los pensamientos en realidad mediante la elevación, amplificación, concentración y liberación de estas energías. Wicca es también el nombre de la principal religión organizada de la neo (o nueva) brujería pagana, que se basa en antiguas prácticas mágicas. Gerald Gardner creó el primer grupo de culto neopagano, formalmente establecido, en los años posteriores a la derogación de la Ley de Brujería, que tuvo lugar en 1951 en el Reino Unido, aunque, por supuesto, había brujas hereditarias en América, Europa y, de hecho, en todo el mundo habitado. *Pagano*, que procede de la palabra romana *paganus*, o habitante del campo, haciendo referencia a las expresiones naturales de espiritualidad, tanto organizadas como personales, de quienes siguen los ciclos del año y las estaciones, que es como hacen los wiccanos.

En el hogar, a lo largo de los siglos y en muchas culturas, la matriarca de la familia disponía de recetas secretas, remedios y costumbres populares que se transmitían oralmente de generación en generación, así como rituales y amuletos para atraer el amor, la prosperidad, la fertilidad, la curación y la protección para los miembros de la familia y al hogar. Muchos ancianos de Escandinavia y Europa, así como los descendientes de escandinavos y europeos orientales u occidentales de América, Australia, Nueva Zelanda y Sudáfrica, aún recuerdan a sus bisabuelas ejecutar esa magia como parte de las costumbres populares de la familia. Hay muchas variantes de la Wicca, y algunas brujas no se llaman a sí mismas wiccanas. Algunos wiccanos trabajan principalmente como sanadores y naturistas, más que como practicantes de magia.

El pequeño libro de la Wicca es una guía completa para practicar la Wicca, tanto si eres un principiante como si ya estás en el camino y deseas aprender más sobre los métodos y la estructura de la Wicca.

¿QUIÉNES SON LOS WICCANOS?

La Wicca puede definirse como las artes de quienes buscan, y con suerte alcanzan, la sabiduría, así como para crear o llevar a cabo ceremonias con el objeto de celebrar y dar energías al año entrante y saliente.

En la actualidad disponemos de una gran cantidad de información sobre las prácticas wiccanas y sobre sus complejos, pero fascinantes orígenes, que ayudan a mostrar la riqueza y belleza de esta tradición. Esta información también describe el gran sufrimiento que las brujas de siglos pasados han tenido que experimentar para mantener vivas y en evolución las tradiciones wiccanas. Por encima de todo, la Wicca no está grabada en piedra, sino que cambia constantemente, a través de la sabiduría y las experiencias de cada bruja que aporta nuevas ideas. Y así, habiendo estudiado la estructura básica, eres libre de, y de hecho deberías, crear tu propio camino único.

Los wiccanos pueden ser cristianos, budistas, pertenecer a cualquier otra religión, o no pertenecer a ninguna, pero todos reconocen de manera abierta una fuente superior y eterna de bondad y luz.

¿QUÉ ES LA MAGIA?

La magia es una energía natural que forma parte de la fuerza vital que fluye y que, como cualquier otra energía, es esencial y neutral, que es la razón por la que una ética rigurosa debe ser una parte tan integral de la Wicca y de la magia en general. Mediante la creación de cánticos, hechizos específicos y rituales más abiertamente estructurados, podemos transformar y convertir en realidad nuestros pensamientos y deseos positivos.

El mundo natural, incluso en los rituales más formales, actúa como una fuente de energía mágica que puede utilizarse para amplificar nuestros poderes psíquicos personales. Podemos aprovechar momentos específicos del día, de la semana o del mes, y las energías siempre cambiantes del sol, la luna, los mares, los lagos, los ríos, el clima, las flores, las hierbas, los árboles y los cristales.

Si pides algo a través de la magia, siempre debes dar algo de amabilidad o ánimo a cambio, a una persona, animal o lugar necesitado de ello. Así es como se reciclan las energías positivas y los recursos.

DEDICÁNDOTE AL CAMINO MÁGICO

Dedicación es el término utilizado para poner de manifiesto un compromiso consciente con el arte y se puede hacer cuando empiezas magia y/o en cualquier momento, a lo largo de tu camino, cuando pudiera suceder que deseases recordarte a ti mismo acerca de tu búsqueda mágica.

Una vez se dijo que solo una bruja podía iniciar a otra bruja, y yo respeto a los que creen algo así. Pero cada vez más, las brujas solitarias desean marcar ceremonialmente su propio compromiso inicial y espiritual con el arte wiccano, y reconocer el cambio espiritual positivo que el trabajo con la brujería aporta al practicante.

Si estáis creando un coven, podéis, cada uno de vosotros, llevar a cabo este ritual al mismo tiempo, en un círculo de árboles, moviéndoos a vuestro propio ritmo y, cuando hayáis terminado, sentaos en silencio y esperad hasta que todos estén sentados, recostados contra el árbol que hayan elegido. Entonces, levantaos todos juntos y decid al unísono: *Somos el coven de los sabios; que trabajemos siempre en la belleza y en la santidad en [enunciad el nuevo nombre del coven si ya ha sido elegido]. Así será.*

Si aún no lo has hecho, elige un nombre por el que se te conocerá en el arte wiccano, tal vez una deidad favorita, un animal con poder o un árbol, o cristal, que tenga un significado mágico para ti. Algunos practicantes utilizan este nombre en presencia de otras brujas y lo pronuncian en voz alta cuando practican magia. Pero otros creen que este nombre no debe pronunciarse nunca, ni siquiera escribirse, ya que entonces das a otros poder sobre ti. Es tu elección. También se dice a menudo que este es el nombre que redescubres de mundos pasados, en los que previamente has recorrido el camino de los sabios.

En el capítulo 1 montaremos un altar wiccano, y reuniremos y dedicaremos tus herramientas mágicas.

1

EL ALTAR WICCANO Y LOS INSTRUMENTOS MÁGICOS

E L ALTAR ES EL CORAZÓN DE LA VIDA DE CUALQUIER BRUJA. AUNQUE formes parte de un coven o grupo de brujas, querrás disponer de tu propio lugar sagrado en casa, tanto como un lugar común.

¿QUÉ ES UN ALTAR?

Es cualquier mesa o superficie plana sobre la que se colocan y exponen herramientas mágicas especiales, cristales, estatuas y componentes para hechizos o rituales, y que se usa como foco para tales hechizos y rituales.

Los altares pueden ser circulares, cuadrados o rectangulares. Por lo general, un altar se coloca en la parte norte de una habitación o zona, aunque algunas tradiciones lo ubican al este.

Elige un paño para tu altar, tal vez bordado o de seda.

También puedes irlo variando según las estaciones, así como cambiar el color según convenga para el ritual.

Colocación de un altar con herramientas y materiales mágicos

Tanto si utilizas un altar de tamaño normal como uno en miniatura, necesitarás herramientas y materiales ceremoniales para llevar a cabo la magia más formal. Utiliza una brújula o calcula la orientación aproximada de tu altar y traza los marcadores direccionales en cuatro puntos equidistantes alrededor del altar.

Marcaré con un asterisco lo que resulta esencial para cualquier altar dispuesto para rituales wiccanos. Puedes incluir el resto según sea más ajustado a tu propia práctica.

LAS SUSTANCIAS Y LOS MATERIALES QUE COMPONEN EL RITUAL

* Una o dos velas del altar central de cera de abeja blanca, crema o natural. Partiendo desde la(s) vela(s) central(es) del altar, encenderás todas las demás velas que utilizarás en el ritual. Si empiezas con dos velas, colócalas en el centro, pero un poco más a la derecha y a la izquierda del altar que si utilizas una sola vela. En la tradición que yo sigo, coloco la vela de la Diosa a la izquierda y la vela del Dios a la derecha. (Las dos velas representan las energías de la Diosa y del Dios, respectivamente. Si solo se utiliza una vela, significa las energías de Dios y Diosa unidas).

Representaciones del Dios y de la Diosa. Para mantener el equilibrio, las coloco a la inversa de donde coloqué las velas centrales, con mi estatua del Dios a la izquierda y la estatua de la Diosa dentro de las velas centrales. Pero de nuevo, es tu elección. Puedes usar estatuas de cualquier cultura y puedes, si así lo deseas, mezclar las culturas. También puedes utilizar una caracola grande para la Diosa y un cuerno de hueso o una pequeña cornamenta para el Dios. (La caracola es un molusco marino tropical con una robusta concha en espiral.)

Cuatro velas elementales de colores apropiados colocadas en tus puntos de marcación direccional. Los colores son: verde o marrón para el norte y la Tierra; amarillo, morado o gris para el este y el Aire; rojo, naranja u oro para el sur y el Fuego; y azul o plata para el oeste y el Agua.

Como alternativa, puedes colocar estas velas elementales alrededor del perímetro de cualquier círculo que traces o junto al centro de cada una de las cuatro paredes de la habitación en la que estés trabajando. Si estás lanzando un hechizo simple, usarías solo las cuatro sustancias elementales que se enumeran más abajo en tu altar, con la adición de un símbolo o plato de ofrendas en el centro y, si lo deseas, una sola vela central para representar las energías del Dios y la Diosa combinadas.

*Un plato de sal que representa la Tierra y estará en el norte del altar.

*Incienso (un cono, una varilla o un plato de polvo o gránulos de incienso incombustible), que se quema en un plato de carbón en Oriente, para el Aire.

*Una vela de color rojo, naranja o dorado o, si utilizas también velas elementales, de color blanco puro, para el elemento Fuego en el sur.

*Un cuenco de agua o fragancia de rosa o lavanda en el oeste, para el Agua.

HERRAMIENTAS MÁGICAS WICCANAS

He enumerado primero las cuatro herramientas esenciales utilizadas tradicionalmente en rituales wiccanos más formales, a las que he destacado con un asterisco. Las demás pueden añadirse a un ritual, pero no son tan necesarias.

*Athame/Cuchillo

Se coloca en la esquina oriental del altar, a la derecha del incienso, y representa el elemento Aire.

Los *athames* son, tradicionalmente, de doble filo y mango negro, pero una hoja de un solo filo es más segura (algunas tradiciones wiccanas comienzan el ritual en el este y no en el norte y, por tanto, utilizar el *athame* para el Fuego en el sur). Sin embargo, la hoja que se corresponde con el palo de Aire del tarot me parece más natural el ubicarlo en el este.

Puedes conseguir un *athame* en una tienda especializada en magia o por Internet. Otra opción es comprar un cuchillo ornamental en tiendas de recuerdos o en tiendas de antigüedades, o de material de caza, o simplemente puedes utilizar un cuchillo de papel de plata tallado. Este último es ideal para un altar en miniatura.

Espada

La espada es una forma más elaborada del *athame* y suele reservarse para ceremonias interiores o exteriores de mayor envergadura. Al igual que el *athame*, la espada se coloca en el este (o en la tradición alternativa, en el sur) del altar, a la derecha del incienso (a la izquierda si también tienes el *athame*). Es una herramienta del elemento Aire si se coloca en el este.

Las espadas pueden utilizarse para dibujar círculos mágicos en el suelo de un bosque, en la tierra o en la nieve (mi favorito). También pueden utilizarse para saludar a los Guardianes —los protectores tradicionales de las cuatro direcciones—, en rituales formales. A menudo se considera a los Guardianes como cuatro Arcángeles, cuatro deidades, cuatro animales de Poder o como los Espíritus Elementales, que significan las cuatro fuerzas: Tierra, Aire, Agua y Fuego.

Se pueden obtener fácilmente reproducciones de espadas ceremoniales que no estén afiladas. Los museos militares pueden venderlas, del tipo ornamentado.

*Cáliz

El cáliz o copa ritual representa el elemento Agua y se coloca al oeste del altar, a la derecha del cuenco de agua. En un altar más pequeño, puede utilizarse para contener el agua en lugar de emplear un cuenco.

El cuchillo, la espada o la varita se sumergen ceremonialmente en el cáliz, para representar unión simbólica de las energías del Dios y la Diosa, que es el clímax de un ritual (especialmente de los rituales de amor).

El cáliz también es fundamental en el rito de las galletas sagradas y la cerveza, que se celebra al final de las ceremonias más formales y que, en este caso, se llena de vino tinto o zumo de frutas, y luego se bendice y se hace circular por el grupo para que lo beba, o lo lleva en sus manos la Suma Sacerdotisa (que representa las energías de la Diosa) para que beba del mismo todo el mundo. Tradicionalmente, el cáliz es de plata, pero también puede ser de cristal, acero inoxidable o peltre. Se corresponde con el palo de Agua del tarot.

*Pentáculo/Pentagrama

El pentáculo —un pentagrama o estrella de cinco puntas encerrada en un círculo— es un símbolo de la Tierra y se coloca en el norte del altar.

El pentáculo puede encontrarse en forma de elemento independiente, pero lo más habitual es que esté pintado en un plato o disco redondo y plano. El pentagrama en sí mismo es protector o fortalecedor, dependiendo de cómo se dibuje, y tiene muchos usos rituales.

Puedes comprar un disco en forma de pentáculo de metal, madera o cerámica en una tienda Nueva Era, o pintar o grabar tu propio pentagrama/

pentáculo en un plato liso de cristal o cerámica. Si lo prefieres, puedes trazar un pentagrama invisible invocador o atrayente en cualquier plato liso con el dedo índice de la mano con la que se escribe, cada vez, antes de utilizarlo (véase en la página 70 un ejemplo de pentagrama invocador o atrayente).

Esto se corresponde con el palo de pentáculos o monedas del tarot de Tierra.

*Vara

La varita es un símbolo del Fuego en muchas tradiciones y debe colocarse en el sur del altar, a la derecha de la vela. Las varitas se pueden conseguir en tiendas Nueva Era o en Internet, pero, si es posible, intenta manejar una varita antes de comprarla, para asegurarte de que estás eligiendo la adecuada para ti. También puedes utilizar como varita un cristal de cuarzo largo y transparente, puntiagudo en un extremo y redondeado en el otro.

Aunque las varitas son tradicionalmente de madera, también pueden estar hechas de metal, y especialmente de cobre. Sin embargo, si no encuentras la varita adecuada en las tiendas o en Internet, puedes fabricarla tú mismo fácilmente. La varita se utiliza para encantar o llenar de poder un símbolo, durante un hechizo o ritual, haciendo círculos sobre tal símbolo (en el sentido de las agujas del reloj para atraer energías y en sentido contrario a las agujas del reloj para desterrar energías). También puede utilizarse para elevar y liberar el poder mágico.

Campana

La campana se coloca al norte del círculo, a la derecha de la sal, y es un símbolo de la Tierra. Utiliza una campana plateada o dorada o un par de campanas tibetanas que se pueden tocar a la vez. La campana suele tocarse nueve veces al principio y al final de cada ritual, mientras se está de pie en el sur del círculo, mirando hacia el norte, o en cada uno de los cuatro puntos direccionales para llamar a los Guardianes.

Caldero

Se trata de un recipiente de hierro, de tres patas. Es uno de los objetos mágicos más versátiles, ya que puede colocarse en el centro de un gran espacio, tanto en el interior como en el exterior, o en su verdadera posición elemental, que es en el norte. En rituales menos formales, a veces puede convertirse en el foco central de un ritual, en lugar de un altar, y esto resulta especialmente eficaz al aire libre.

Los calderos pueden comprarse en tiendas Nueva Era, por correo o en mercadillos de antigüedades. Si buscas en tiendas de utensilios de cocina o incluso en centros de jardinería, puede que encuentres tu caldero con otro nombre.

PURIFICAR Y POTENCIAR LAS HERRAMIENTAS CEREMONIALES Y EL ALTAR

La primera vez que utilices un altar, debes dedicarlo. Este ritual también dará poder a tus herramientas mágicas, si las colocas en sus posiciones correspondientes en el altar, antes de comenzar el ritual. A partir de ese momento, cada vez que obtengas una nueva herramienta, puedes colocarla en el centro del altar y se potenciará durante cualquier ritual formal que lleves a cabo.

Paso 1: Preparación del altar

Asegúrate de que las herramientas y los materiales están colocados en su sitio en el altar. La única adición es el cuenco de perfume. Colócalo al sur del altar. Para la purificación con perfume, usa cualquier colonia, como, por ejemplo, sándalo, rosa o lavanda, o agua de rosa o lavanda.

Paso 2: Inicio del ritual

Toca la campana en cada uno de los cuatro Cuadrantes[1] —las cuatro direcciones principales— partiendo desde el norte y en el sentido de las agujas del reloj, y luego devuélvela a su sitio.

Enciende la(s) vela(s) del altar, de izquierda a derecha, y después la vela elemental del sur, diciendo por cada una: *Que la luz ilumine y el fuego purifiquen este altar. Dedico este altar y mi trabajo al bien más elevado y a la intención más pura.*

Ahora, desplaza los cuencos de sal y agua para que estén uno al lado del otro, frente a las velas del altar, con la sal a la izquierda.

Haz una cruz en la superficie de la sal, ya sea una cruz de brazos iguales o una cruz diagonal de la Madre Tierra, con un cuchillo de color plateado o un *athame*, pidiendo la bendición de los ángeles, la Diosa y Dios, o la de una deidad favorita, mediante la sal y el ritual.

A continuación, remueve el agua tres veces en el sentido de las agujas del reloj con el mismo cuchillo, pidiendo de nuevo la bendición de los ángeles, la Diosa y el Dios, o una deidad favorita sobre el agua y el ritual.

Toma tres pizcas de sal y añádelas al agua, girando el cuenco tres veces en el sentido de las agujas del reloj, tres veces en sentido contrario y tres veces en el sentido de las agujas del reloj, pidiendo de nuevo la bendición de los ángeles, la Diosa y el Dios, o una deidad favorita, para el agua salada, que ahora es sagrada, y el ritual.

---

[1] En el original se habla de *Quarters* y *Cross-Quarter*. Los primeros corresponden a los equinoccios y solsticios, y los segundos a los días intermedios entre ellos. No parece haber unanimidad a la hora de traducir tales términos, así que hemos optado por Cuadrantes y Medios Cuadrantes, de manera tentativa. (*N. del T.*)

Rocía con unas gotas de agua salada sagrada cada una de las cuatro direcciones del altar, diciendo, antes de empezar, *Que el poder de la tierra y las aguas potencien y purifiquen este altar. Dedico este altar y mi trabajo al bien más elevado y a la intención más pura.*

Tras eso, rocía con un poco de agua salada sagrada cada una de las herramientas, en el sentido de las agujas del reloj y alrededor del altar, diciendo: *Que el poder de la tierra y de las aguas fortalezca y purifique esta herramienta, [nómbrala]. Dedico este altar y mi trabajo al bien más elevado y a la intención más pura.*

A continuación, coge el incienso y enciéndelo con cada una de las velas, o espolvorea tu incienso granulado sobre el carbón previamente preparado y ahora incandescente que tendrás en el plato.

Empezando por el este y moviéndote en el sentido de las agujas del reloj, traza espirales de humo sobre los cuatro puntos de dirección principales del altar, agitándolo con la mano o con una pluma, si utilizas incienso granulado o conos de incienso, diciendo antes de empezar: *Que el poder del cielo potencie y purifique este altar. Dedico este altar y mi trabajo al bien más elevado y a la intención más pura.*

A continuación, aplícalo sobre cada herramienta en el sentido de las agujas del reloj, diciendo: *Que el poder de la tierra y de las aguas fortalezca y purifique esta herramienta, [nómbrala]. Dedico este altar y mi trabajo al bien más elevado y a la intención más pura.*

Después de eso, coge el cuenco de perfume y, empezando por el sur y moviéndote en el sentido de las agujas del reloj, rocía unas gotas de perfume en cada una de las cuatro direcciones del altar, diciendo antes de empezar *Que el poder de esta fragancia potencie y purifique este altar. Dedico este altar y mi trabajo al bien más elevado y a la intención más pura.*

Rocía perfume sobre cada herramienta, de manera sucesiva, moviéndote de nuevo en el sentido de las agujas del reloj, diciendo: *Que el poder de la tierra y de las aguas fortalezca y purifique esta herramienta, [nómbrala]. Dedico este altar y mi trabajo al bien más elevado y a la intención más pura.*

Cuando hayas terminado, apaga primero la vela de la Diosa, luego la vela del Dios, y después la vela del elemento Fuego en el sur, que debe estar derramando la luz alrededor del altar y hacia las herramientas y hacia ti mismo, diciendo mientras lo haces: *Que mi altar y mis herramientas mágicas sean bendecidas. Los dedico y me dedico a mí mismo al mayor bien y con la más alta intención, curando a todos y no dañando a nadie. Así será.*

Toca la campana en cada dirección, empezando esta vez por el oeste y moviéndote en el sentido contrario a las agujas del reloj, para terminar en el norte y devolverla a su sitio. Luego di en voz baja: *Que crezcan las bendiciones. Así será. Así termina este rito.*

Siéntate tranquilo en la oscuridad, inhalando lo que quede de la fragancia, y unge tus principales puntos energéticos internos —el centro de la línea del cabello, la frente, la base de la garganta y los dos puntos internos de la muñeca— con gotas de perfume del plato. Di: [en la línea del cabello] *Sobre mí la luz,* [en la frente] *dentro de mí la fragancia,* [en la garganta] *que pueda expresar con sinceridad* [en cada punto de la muñeca] *el amor que se alberga en mi corazón.*

Deja que arda el incienso y da las gracias a cualquier deidad o ángel al que hayas dedicado el rito junto con tu altar y tus herramientas.

De ser posible, déjalo todo en su sitio durante veinticuatro horas y luego enjuaga de la sal, el agua, el perfume y el agua salada bajo el grifo, y ordena todo.

Paso 3: Limpieza de las herramientas mágicas y del altar después de un ritual

Pasa, haciendo espirales, un péndulo de cristal transparente sobre cada herramienta y luego sobre las cuatro direcciones principales del altar y el centro, haciendo nueve círculos en sentido contrario a las agujas del reloj sobre cada una de ellas.

Sumerge el péndulo en agua corriente fría para limpiarlo y sacúdelo para secarlo. Mueve el péndulo nueve veces en el sentido de las agujas del reloj, esta vez primero sobre cada artefacto, y luego las cuatro direcciones del altar y el centro del altar de nuevo, para restaurar las energías.

Lava el péndulo con agua corriente.

En el próximo capítulo aprenderemos cómo crear un círculo mágico wiccano.

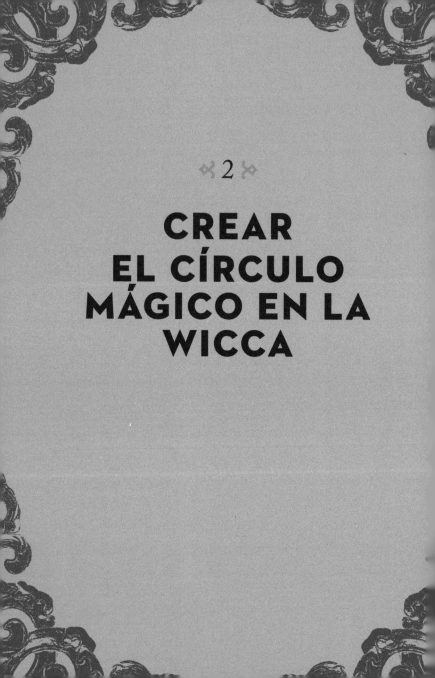

2

CREAR EL CÍRCULO MÁGICO EN LA WICCA

U N CÍRCULO, DIBUJADO FÍSICAMENTE O CREADO
SIMBÓLICAMENTE, marca un lugar del Otro Mundo en el
que no están en vigor las restricciones de tiempo y espacio. Aquí,
los cuatro elementos se combinan para crear la energía y sustancia mágica
llamada Éter, o Akasha, en la que los pensamientos pueden transformarse en
realidad en el mundo material.

También se reúnen dentro del círculo las deidades; los ángeles; los cuatro
Guardianes elementales de las Atalayas direccionales, según los puntos marcadores de dirección del círculo indican; los ancestros sabios y las esencias de
la naturaleza en los rituales que se llevan a cabo en el exterior. El círculo se
convierte en una extensión sagrada del espacio del altar.

Como lugar de poder, el círculo excluye cualquier energía negativa de la
esfera cotidiana. Dado que trabajas con poderes espirituales, también impide
que nada que no sea benigno entre en el espacio sagrado, donde te encuentras
espiritualmente abierto y vulnerable.

PREPARACIÓN PARA LA ACTIVACIÓN DEL CÍRCULO

Si estás llevando a cabo un ritual formal, puede que desees bañarte, añadiendo sal o aceites esenciales a tu baño, y ponerte una túnica holgada especial específicamente para el ritual, o, si tienes prisa, ungir tus cuatro centros energéticos superiores utilizando perfumes como los que describí al final del capítulo anterior (página 19-23).

Si en el ritual se utiliza sahumerio de la forma descrita en el capítulo anterior, debes limpiar física y psíquicamente la zona del círculo de antemano. Tal vez desees hacerlo *antes* de bañarte, o quizás ungir tus chakras con perfume o aceite esencial.

Alternativamente, barre o asperja (rociar con agua y una ramita) el lugar donde vayas a activar tu círculo. Cuenta con una escoba especial, quizá una escoba tradicional, hecha de ramas atadas alrededor de un palo.

Si el suelo se puede dañar, también puedes limpiar la zona pasando las manos en círculos, en sentido contrario a las agujas del reloj, mientras caminas en círculos cada vez más grandes, en sentido contrario a las agujas del reloj, alrededor de la zona ritual prevista.

Tocar una campana o golpear un cuenco tibetano, de nuevo mientras caminas en círculos en sentido contrario a las agujas del reloj, también limpiará la zona.

Marca el centro del círculo previsto. Tener un altar situado en el centro resultará útil si estás llevando a cabo una ceremonia centrada principalmente en el altar, ya que entonces recibes directamente el poder concentrado del eje central. Como alternativa, puedes colocar el altar a un tercio del círculo, hacia el norte de la zona del círculo prevista.

¿QUÉ TAMAÑO DEBE TENER UN CÍRCULO?

Un círculo, siempre activado en el sentido de las agujas del reloj, debe rodearte a ti y a cualquiera que trabaje contigo, así como a tu altar y a tus herramientas, si las utilizas.

Tradicionalmente, los círculos tienen unos tres metros de diámetro, pero no es necesario medirlo con exactitud. Si hay mucha gente en el interior del círculo, o si tú y los demás queréis bailar, moveros o mirar a las cuatro direcciones por turnos para saludar a los Guardianes, entonces es mejor trazar un círculo con un diámetro mayor. Elige lo que te parezca mejor. Es preferible disponer de un círculo más grande que quedarse corto de espacio. Con el tiempo, no te preocuparás por las medidas, sino que sabrás instintivamente lo que te parece correcto. Puedes crear un círculo muy grande si invitas a mucha gente a una ceremonia colectiva; por ejemplo, para celebrar un cambio de estaciones.

Para orientarte, coloca cuatro piedras planas por delante, alrededor de la circunferencia prevista, en las direcciones principales. También puedes colocar por delante velas direccionales (todas blancas o de cera de abeja, o antorchas).

LA ACTIVACIÓN DEL CÍRCULO EN LOS RITUALES

En la tradición mágica septentrional, los círculos se trazan generalmente de norte a norte, pero, si lo prefieres, puedes empezar por el este.

Cualquiera que sea la forma del círculo que se active, incluso si no lo estás creando personalmente (como ocurre en un ritual público), visualiza el círculo de luz extendiéndose a medida que se crea. Esto lo reforzará y creará una conexión personal.

Si estás activando el círculo, ya sea real o visualizado, para aprovechar el poder, primero eleva la luz por todo tu cuerpo desde el centro de energía del chakra raíz hasta la coronilla.

Imagínate que la luz entra a raudales desde todas partes: rojo ascendente de la tierra para el chakra raíz o base; plateado o naranja de la luna para el del ombligo-sacro; amarillo del sol en la parte superior central del estómago para el plexo solar; verde de la naturaleza para el corazón; azul cielo de los ángeles para la garganta; índigo o morado de los arcángeles y guardianes elementales para el chakra del entrecejo; y blanco, dorado o violeta de las deidades para el centro de energía de la coronilla.

Visualiza los colores del arcoíris fundiéndose en una luz blanca y pura dentro de ti e irradiando desde ti.

Mueve los dedos y percibirás, si no es que no lo ves, que brillan.

Entonces, también antes de activar el círculo, debes hacer tu bendición de apertura, poniéndote en el centro y girándote lentamente para mirar en todas mientras hablas. A veces esto se conoce como la llamada al ritual y, de forma alternativa, podrías tocar un cuerno, usar un cuenco sonoro o tocar campanas para crear sonido. Otras personas comienzan con una composición poética propia o el tradicional *Libro de las Sombras*, que es un libro especial en el que consignas tus rituales mágicos y asociaciones.

CREAR UN CÍRCULO FÍSICO

Antes de llevar a cabo un hechizo o ritual, puedes crear un círculo permanente, hecho de piedras, conchas o cristales, o construir uno con hierbas, flores o ramas como actividad comunitaria. Este círculo debe fortalecerse antes de comenzar el hechizo o ritual. Las piedras con las que construyas tu círculo no tienen por qué estar tocándose, pero sí dibujar un contorno.

También puedes pintar un círculo en el suelo de una habitación que utilices habitualmente para la magia y cubrirlo con una estera grande, o con una alfombra circular grande especial o marcar con tiza uno al aire libre sobre el pavimento.

De igual manera, puedes utilizar velas de té en interiores o exteriores, para formar un círculo. Enciéndelas en el sentido de las agujas del reloj, en forma de círculo, al principio de la ceremonia, antes de insuflar de poder el círculo, o haz que la iluminación sea la acción que active. Si están presentes varias personas, o un coven, los participantes pueden ser los que enciendan las velas. Cada persona enciende sus propias velas de té y pronuncia una bendición o deseo, por turnos, en el sentido de las agujas del reloj, uno tras otro, después de hacer el cuerpo de luz y la bendición de apertura.

Utiliza un círculo exterior natural, como puede ser una arboleda. Pide siempre permiso a las esencias naturales del lugar.

Dibuja un círculo en el sentido de las agujas del reloj en la tierra, la nieve o la arena, con un palo largo o una espada. Intenta hacerlo de un solo barrido.

Lo mejor de todo es el círculo de personas que se dan la mano una a una, empezando por el norte. Mientras esto ocurre, la persona que lleva dirige el ritual se sitúa en el centro, girando lentamente. Cada participante puede hacer una bendición hablada, uno tras otro, diciendo, por ejemplo: *El círculo del amor no conoce límites.*

ACTIVACIÓN SIMBÓLICA DE UN CÍRCULO

Incluso en el caso de un círculo físico, a menos que utilices el método de unir las manos o el de las velas de té, necesitarás potenciar y activar el círculo de una de las formas que se describen en esta sección. Sin embargo, un círculo wiccano puede crearse de manera puramente simbólica o clarividente, lo que implica caminar alrededor del área del círculo que se visualiza, en el sentido de las agujas del reloj, con una espada, varita, cristal de cuarzo puntiagudo, o un *athame*, para crear un círculo psíquico de luz.

Forma este círculo de luz psíquica en el aire, a la altura de la cintura o de las rodillas, lo que te resulte más natural.

Sujeta tu cristal, varita, *athame* o espada con la mano de poder, que es con la que escribes. Dirige la punta en un ángulo de unos 45 grados, proyectando el círculo frente a ti, de modo que entres en la luz emergente y te potencies.

Completa el círculo pisando tú mismo dentro del círculo ya completado y girando tu cuerpo para cerrar el círculo después (al norte).

Entona un cántico de círculo que repitas en voz alta o mentalmente mientras caminas. Por ejemplo: *Que el círculo se forme y permanezca intacto. Que el amor de la Diosa esté siempre en mi(s) corazón(es). Bendiciones para este rito y para todos los presentes.*

Todo incluye a las deidades, las esencias de la naturaleza, los sabios antepasados, etc.

Si lo deseas, puedes crear una cúpula de luz sobre la parte superior del círculo con la varita o el *athame*. Desde el centro del círculo, activa el lugar, moviendo el *athame* en un arco hacia arriba y hacia fuera, en espirales, en el sentido de las agujas del reloj, o deja la sien abierta al sol, la luna y las estrellas.

HACIENDO UN CÍRCULO ELEMENTAL TRIPLE

Otro método consiste en utilizar agua salada, incienso y la llama de una vela para formar el círculo.

Enciende previamente la vela y el incienso en el altar, y luego llévalos fuera del círculo visualizado, para colocarlos sobre una roca o una mesita.

Consagra el agua salada para el círculo en el altar (como hiciste al dedicar las herramientas y el altar tras la llamada de apertura) y, de nuevo, llévala fuera del círculo. Para obtener un poder adicional, algunos practicantes utilizan la activación elemental triple, después de dibujar el círculo de luz alrededor de un círculo simbólico.

Si el círculo es físico, puedes potenciarlo psíquicamente, dando tres vueltas *deosil* (en el sentido de las agujas del reloj) alrededor del perímetro, una vez con cada una de las tres sustancias elementales: agua salada sagrada, incienso y llama de vela, o sal, incienso y agua. Si sois un grupo, tres personas pueden caminar en procesión alrededor del círculo en el sentido de las agujas del reloj, una tras otra, llevando las tres sustancias en ese orden.

Haz los círculos uno por encima del otro, y termina con la triple activación elemental, rociando a cada uno de los presentes con unas gotas del agua salada sagrada. Después de haber entrado en el círculo, camina de nuevo en el sentido de las agujas del reloj, circundando por su interior y diciendo: *Bendito seas y bienvenido.*

Si estás trabajando solo, termina el triple círculo de activación tomando el agua salada y rociándote a ti mismo, al tiempo que dices: *Que el Señor y la Señora, la Diosa y el Dios, bendigan mi hechizo / ritual.*

VISUALIZAR EL CÍRCULO DE LUZ

Puedes hacer esto cuando quieras llevar a cabo un hechizo rápido o si estás en un lugar donde no puedes caminar físicamente alrededor de un área circular.

Si hay poca intimidad, visualiza el círculo que aparece a tu alrededor como si lo dibujaras con una varita resplandeciente de luz dorada, mientras estás de pie o sentado, y quieto, mirando hacia el norte.

Sin embargo, si tienes algo de intimidad, colócate en el centro de tu zona, mirando hacia donde crees que está el norte. Sosteniendo un cristal de cuarzo puntiagudo, que hará las veces de varita cuando así sea conveniente (yo tengo una de cristal muy pequeña), o extendiendo sutilmente el dedo índice de tu mano de poder a la altura de la cintura, gire el cuerpo y los pies lentamente en círculo, pero mantente sobre el sitio. Imagina la luz fluyendo hacia fuera, creando un círculo a tu alrededor. Construye el círculo de luz dorada, blanca, plateada o azul visualizada con un movimiento continuo (y, si así fuese necesario, sutil) de la mano.

DESHACER EL CÍRCULO

Algunas personas no deshacen el círculo, sino que consideran que es mejor cerrar las cuatro Atalayas elementales, situadas en las cuatro direcciones, y apagar todas las velas direccionales/elementales, antes de hacer una bendición de cierre adecuada (véanse las páginas 47-49). Esto es especialmente útil con un círculo natural de árboles o uno hecho de piedras o conchas, en cuyo caso habría que retirar la última pieza que se colocó, para permitir que las energías fluyan libremente. Las energías se disiparán pronto y podrás volver a colocar las piedras al cabo de veinticuatro horas.

Sin embargo, deshacer el círculo después de una ceremonia es una forma de devolver el lugar usado para el ritual, y también a los participantes, a su estado anterior, aunque ahora estén bendecidos, algo que, en el caso de una sala de altar, hará que esta sea armoniosa y pacífica en lugar de bulliciosa.

Deshacer los círculos en el sentido contrario a las agujas del reloj, o en el sentido de la luna —o *widdershins,* el término wiccano para el *sentido contrario a las agujas del reloj*—, completa lo que se realizó en el sentido de las agujas del reloj, o *deosil/sentido del sol.*

Para deshacer cualquier círculo, sea el que sea, después de las ceremonias y de que se haya dado las gracias a todos los presentes y se les haya pedido que vuelvan a su lugar, camina en el sentido contrario a las agujas del reloj, de Norte a Norte, siguiendo la tradición mágica del norte (o de Este a Este, como prefieren otros) llevando la varita/*athame,* etc., detrás de ti. Durante todo el tiempo, imagina la luz volviendo a la fuente, el dedo, el cristal o la varita. Mientras lo haces, entona un canto de cierre, como, por ejemplo: *Que el círculo se abra y permanezca intacto en nuestros corazones y en nuestras vidas. Bendito sea, o Benditos sean todos.*

También puedes situarte en el centro, mirando hacia el norte, y girar en el sentido contrario a las agujas del reloj en un punto, haciendo que la luz vuelva a su fuente, o imaginar que el resplandor se hunde en el suelo mientras giras.

En el próximo capítulo exploraremos el mundo de los elementos y los Guardianes elementales que aportan sus energías a cualquier magia.

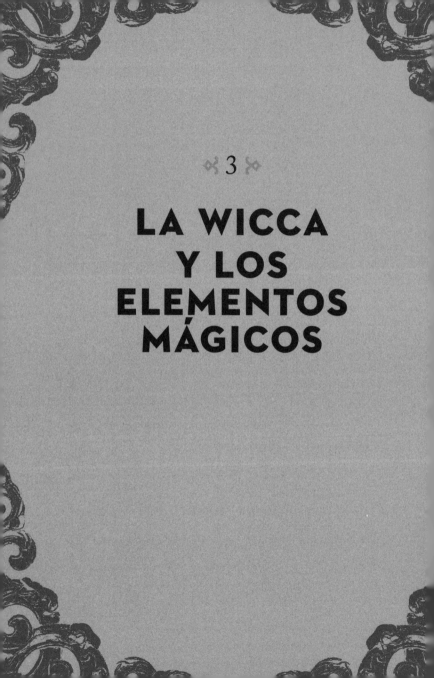

3

LA WICCA
Y LOS
ELEMENTOS
MÁGICOS

LOS CUATRO ELEMENTOS MÁGICOS QUE SE CORRES-PONDEN CON las cuatro direcciones principales del altar y el círculo mágico nos brindan un tesoro de simbolismo para enriquecer los rituales: Tierra, para potenciar necesidades prácticas, como la de disponer de dinero suficiente, el hogar adecuado y la estabilidad; Aire, para resultados rápidos y cuando se trata de asuntos de la mente como exámenes o comunicación en entrevistas; Fuego, para la inspiración y el poder; y Agua, para el amor y las relaciones o asuntos familiares.

La fusión de estos elementos crea, según la creencia de los practicantes de magia, una energía espiritual llamada Éter, Akasha o Espíritu, en la que los pensamientos y los deseos pueden animarse y transferirse (o más bien catapultarse) a la realidad material.

LOS ELEMENTOS EN LA MAGIA

Las siguientes asociaciones son las más habituales, arraigadas en la magia tradicional, pero si estudias otras formas de Wicca, puedes encontrar variaciones que se adapten mejor a ti; por ejemplo, variantes en el color.

Tierra

Hora del día: Medianoche.

Época de la vida: Vejez y, por tanto, sabiduría y tradición.

Estación: Invierno.

Herramienta elemental: Pentáculo.

Sustancia elemental sagrada: Sal.

Criatura elemental: Gnomo.

Colores: Verde o marrón dorado.

Palo del Tarot: Pentáculos, discos o monedas.

Guardián del viento del Norte: Bóreas.

Elevación de la energía: Tambores.

Deidades: Todas las madres de la Tierra, diosas creadoras, señoras de los animales, y las diosas Crono/Mujer Sabia, y también padres de la Tierra, Dios Cornudo y dioses de la caza (véanse los capítulos 6 y 7 sobre Dioses y Diosas).

Arcángel: Uriel, arcángel de la protección y la transformación, y guardián de la tierra y el sol que trajo la alquimia a la humanidad. Se le describe con una mano abierta que sostiene una llama, vestido de oro bruñido y rojo rubí, con un halo flamígero que resplandece en la oscuridad, y blandiendo una espada de fuego que lanza relámpagos.

Cristales: La mayoría de las ágatas, especialmente las musgosas y arbóreas (dendríticas), amazonita, aventurina, esmeralda, fósiles, azabache, malaquita, madera petrificada o fosilizada, cuarzo rosa, cuarzo rutilado, cuarzo ahumado, ojo de tigre rojo y dorado, y todas las piedras con agujeros en el centro.

Animales y aves de poder: Antílope, tejón, oso, jabalí, vaca, toro, perro, ciervo, oveja, ardilla, conejo, serpiente, abeja, araña y lobo.

Punto del Pentagrama: Abajo, a la izquierda.

Sentidos físicos y psíquicos: Tacto y gusto, también psicometría y clarividencia.

Fragancias: Ciprés, helecho, geranio, brezo, hibisco, madreselva, magnolia, musgo de roble, pachulí, artemisa, hierba dulce, verbena y vetivert.

Cualidades positivas: Paciencia, estabilidad, generosidad, fiabilidad, perseverancia, respeto a los demás y a las tradiciones, protección, fertilidad (también contenida en el Agua), aceptación de los demás tal como son, e igual con uno mismo, enraizamiento, tolerancia y cuidado del entorno.

Lugares de la Tierra: Cuevas, criptas, líneas ley[2], bosques, hielo, nieve, rocas, montañas (también son un lugar de Aire), jardines, templos, antiguos círculos de piedra y hogares.

Materiales (sustancias y fenómenos): Sal, hierbas, flores, árboles, monedas, pan, maíz y trigo, telas, frutos secos, arcilla, hierba, tierra, arena, bayas, popurrí, hierbas, cristales y gemas, y plantas.

Asociaciones naturales: Luces terrestres, círculos en las cosechas, campos de cereales, tormentas de arena, terremotos y temblores, guardianes de la tierra o *Landvættir*, y también los antepasados.

Signos astrológicos: Capricornio, Virgo y Tauro.

Planetas: Venus y Saturno.

---

[2] Las líneas ley son alineaciones de lugares históricas que, según algunas creencias, tienen relevancia energética. (*N. del T.*)

Palabras clave: «Acepto y cuido de todo».

Utilice la Tierra en magia para: Protección; propiedad; el hogar y todos los asuntos domésticos; para la estabilidad en cualquier área de su vida; para recibir un aporte constante de dinero y para desterrar las deudas; asuntos oficiales; para las familias y los animales; para el cristal, hierbas, y toda la magia ambiental; y para los hechizos relativos a las instituciones como la ley, la política, las finanzas, la salud y la educación. También resulta troncal para todos los rituales contra el hambre, la deforestación, la contaminación del suelo, la devastación causada por la construcción o la industrialización imprudentes, y para el cuidado de los animales y sus hábitats naturales.

Aire

Hora del día: Amanecer.

Época de la vida: Nacimiento y niñez.

Estación: Primavera.

Herramienta elemental: Espada.

Sustancia elemental sagrada: Incienso o sahumerio.

Criatura elemental: Sílfide.

Colores: Amarillo o gris.

Palo del Tarot: Espadas.

Guardián del viento del Este: Eolo.

Aumento de la energía: Música y canciones.

Deidades: Diosas doncellas, de la primavera y de las flores; deidades de la luz, Padres y Madres del Cielo, dioses y diosas; deidades mensajeras y sanadoras; y deidades estelares (también consideradas a veces como de fuego).

Arcángel: Rafael, arcángel de la curación, y también arcángel de los cuatro vientos y de los viajeros, descrito como portador de un frasco dorado de medicina y de un bastón de viajero, vestido con los colores de la luz del sol matutino, con un rayo verde de curación emanando de su aureola

Cristales: Amatista, angelita, ágata azul de encaje, cuarzo cristal claro (también fuego), citrino, diamante, diamante Herkimer, danburita, lapislázuli, sodalita, sugilita, zafiro y turquesa.

Animales y aves de poder: Águila, halcón, ruiseñor, aves rapaces, paloma blanca, insectos alados y mariposa.

Punto del pentagrama: Superior izquierda.

Sentidos físicos y psíquicos: Audición; también clariaudiencia.

Fragancias: Acacia, almendra, anís, benjuí, bergamota, eneldo, hinojo, lavanda, hierba limón, hierba luisa, lirio de los valles, mejorana, reina de los prados, flor de papiro, menta piperita y salvia.

Cualidades positivas: Capacidad de comunicación, persuasión, alegría, concentración, inteligencia, imparcialidad, lógica, independencia, claridad, buena memoria, destreza mental, optimismo, dotes pedagógicas, dones poéticos y musicales, concentración, perspicacia comercial y tecnológica, versatilidad y dones curativos a través de la medicina ortodoxa o procedente de fuentes superiores.

Lugares aéreos: Cimas de montañas, colinas, torres, campanarios y agujas, el cielo, pirámides, llanuras abiertas, edificios altos, balcones, jardines de azotea y el cielo

Materiales (sustancias y fenómenos): Aceites perfumados, flores, campanillas de viento, plumas, cuatro vientos, nubes, globos, cometas, plumas, semillas y esporas transportadas por el aire, humo, vientos, torbellinos, huracanes, tormentas, barcos con velas ondeando al viento y veletas.

Asociaciones naturales: Nubes, luz, fuerza vital, espíritus, fantasmas (se cree que se sumen en el viento para viajar), ángeles, duendes y hadas.

Asociaciones astrológicas: Acuario, Libra y Géminis.

Planetas: Mercurio, Júpiter y Urano.

Utiliza el Aire en Magia para: Aprobar pruebas y exámenes; para aprender; para viajar; para cambios y mejoras en la carrera profesional; para mudanzas; para empresas de recaudación de dinero, así como todo lo relacionado con la ciencia, la tecnología o los medios de comunicación; para sanar la capa de ozono y ralentizar el calentamiento global; para recuperar objetos perdidos o robados; para descubrir la verdad; para nuevos comienzos; y para la magia con plumas.

Fuego

Hora del día: Mediodía

Momento de la vida: edad adulta temprana, búsqueda de pareja y procreación.

Estación: Verano.

Herramienta elemental: Varita.

Sustancia elemental sagrada: Vela.

Criatura elemental: Salamandra, la criatura reptiliana mágica que se cree que vive en el fuego.

Colores: Rojo, naranja o dorado.

Palo del Tarot: Varitas, varas o pentagramas.

Guardián del viento del Sur: Notos

Aumento de la energía: Danza y fuegos rituales.

Deidades: Todos los dioses y diosas del fuego, deidades de la pasión y la seducción, deidades de la herrería y la metalurgia, y deidades del sol.

Arcángel: Miguel, arcángel del sol, arcángel supremo, que supervisa el mundo natural, incluido el clima; líder de todos los grandes ángeles guerreros y matadores de dragones tradicionales; se le describe con alas doradas y una armadura roja y dorada, con una espada, un escudo, una rama de dátil verde y portando la balanza de la justicia o un estandarte blanco con una cruz roja.

Cristales: Ámbar, piedra de sangre, piedras Boji, cornalina, granate, lava, piritas de hierro, obsidiana, rubí y topacio.

Animales y aves: Gato, león, puma, ciervo, dragón, luciérnaga, libélula y el legendario fénix dorado (símbolo de transformación y renacimiento, que se quema en una pira funeraria cada quinientos años, para resurgir dorado de sus cenizas).

Punto en el pentagrama: Inferior derecha.

Sentidos físicos y psíquicos: Visión y clarividencia.

Fragancias: Pimienta de Jamaica, angélica, albahaca, laurel, clavel, cedro, manzanilla, canela, clavo, copal, sangre de dragón, incienso, heliotropo, enebro, lima, caléndula, nuez moscada, naranja, romero y mandarina.

Cualidades positivas: Valor, inspiración, idealismo y altruismo, fidelidad, búsqueda de la perfección, defensa de los débiles, intuición, imaginación, creatividad, liderazgo, buena salud, transformación, fertilidad en todos los aspectos de la vida (también regida por Tierra y Agua), transformación, valor, misticismo, clarividencia, profecía, determinación para superar cualquier obstáculo, energía, espíritu vivo y abundancia.

Lugares de fuego: El hogar familiar, los desiertos, la arena resplandeciente, los faros en lo alto de las colinas, las formaciones rocosas rojas y los altares con velas Wicca, así como los elementos mágicos.

Sustancias (materiales y fenómenos): Velas, cera de abejas, llamas, ceniza, lámparas de fibra óptica, relámpagos, linternas, esferas de cristal transparente, oro, espejos, naranjas, parasoles, girasoles y todas las flores doradas; también volcanes, incendios forestales y eclipses solares

Asociaciones naturales: La sangre, el sol, los fuegos rituales y hogareños, las estrellas (a veces también asociadas con el Aire), las hogueras, los cometas, el arcoíris, los meteoritos, los relámpagos, las antorchas (se creía que la madera contenía fuego que podía liberarse por fricción), los *djinns* (genios) y las hadas del fuego.

Signos astrológicos: Aries, Leo y Sagitario.

Planetas: Sol y Marte.

Utiliza el fuego en magia para: Cumplir ambiciones; para el poder sabio y el liderazgo; todas las empresas creativas y artísticas; religión y espiritualidad; éxito en deportes y juegos competitivos; para el coraje; para aumentar los poderes psíquicos (especialmente los superiores, tales como las canalizaciones); para el placer, la pasión y la consumación del amor; para el sexo sagrado; la eliminación de lo que ya no se necesita; la vinculación y el destierro; la protección contra un ataque traicionero o las amenazas; para la magia con velas; para la protección contra la sequía; para combatir toda contaminación causada por la quema de combustibles o productos químicos, así como los incendios forestales y la política de tala y quema que amenaza los bosques tropicales.

Agua

Hora del día: Atardecer o crepúsculo.

Época de la vida: Desde la mediana edad hasta la jubilación y la tercera edad.

Estación: Otoño.

Herramienta elemental: Cáliz.

Sustancia elemental sagrada: Agua

Criatura elemental: Ninfa.

Colores: Azul o plata.

Palo del Tarot: Copas o Cálices.

Guardián del viento del Oeste: Céfiro.

Elevación de la energía: Sonajeros, oraciones y cánticos.

Deidades: Deidades de la luna y del amor; dioses y diosas del mar, del pozo sagrado y del agua; y diosas de la iniciación y de las religiones místéricas.

Arcángel: Gabriel, arcángel de la Luna, mensajero divino portador de mensajes divinos, considerado como poseedor de energías femeninas. Se le describe vestido de plata o azul oscuro, con un manto de estrellas y una media luna como aureola, un cuerno de oro y un lirio blanco o una linterna en la mano derecha, y un espejo de jaspe en la izquierda.

Cristales: Aguamarina, calcita, coral, jade, piedra de luna, fluorita, perla, ópalo y turmalina.

Animales y aves: Rana; delfín; nutria y castor; garza; pato; foca; ballena; cisne y todas las aves acuáticas; todos los peces, especialmente el salmón; estrella de mar; cangrejo; caballito de mar; también cocodrilo y caimán.

Punto del pentagrama: Arriba a la derecha.

Sentidos físicos y psíquicos: Sexto sentido/intuición; también curación, telepatía y adivinación.

Fragancias: Flor de manzano, albaricoque, coco, eucalipto, matricaria, brezo, jacinto, jazmín, limón, melisa, lila, azucena, mirra, orquídea, pasiflora, melocotón, fresa, guisante de olor, tomillo, valeriana, vainilla y violeta.

Cualidades positivas: Belleza, compasión, empatía, pacificación, armonía, simpatía, amor, perdón, sabiduría inconsciente, pureza, capacidad de fundirse e interconectarse con la naturaleza, los ciclos de las estaciones y el ciclo de la vida.

Lugares acuáticos: Pozas, arroyos, estuarios, cascadas, pozos y manantiales sagrados, remolinos, ríos, el mar, marismas, llanuras aluviales, acuarios y parques acuáticos.

Asociaciones naturales: La luna, la lluvia, los baños rituales, las brumas, la niebla, los sueños, las sirenas y los duendes del agua.

Materiales (sustancias y fenómenos): Leche, vino, conchas marinas, esferas de cristal, cuencos de adivinación, espejos oscuros, reflejos en el agua, mareas, inundaciones y tsunamis.

Asociaciones astrológicas: Piscis, Cáncer y Escorpio.

Planetas: Neptuno, la Luna y Plutón.

Utiliza el agua en magia para: El amor, las relaciones, las amistades, la reparación tras las peleas, los viajes astrales, la protección de los que están lejos, los sueños, los ritos de purificación, la curación, el uso de los poderes de la naturaleza y especialmente del agua (en particular el agua sagrada), la adivinación, toda la magia del agua y del mar, la magia de la luna y los viajes por mar. También resulta potente en la lucha contra las inundaciones; en la limpieza de la contaminación de mares, lagos y ríos; en las campañas para llevar agua dulce a partes del mundo donde no disponen de ella; iniciativas sanitarias mundiales; y cuidado de ballenas, delfines, focas y todas las criaturas marinas en peligro de extinción.

UTILIZANDO LOS ELEMENTOS EN LUGAR DE LAS DIRECCIONES COMO PROCEDIMIENTO PARA CREAR UN CÍRCULO

Algunos practicantes del hemisferio sur utilizan el círculo tradicional del hemisferio norte, en el sentido de las agujas del reloj y las posiciones del altar orientadas hacia el norte, reconociendo que la Wicca fue originalmente una tradición del hemisferio norte.

Sin embargo, otros practicantes meridionales activan el círculo en el sentido del sol o *deosil,* que en el mundo meridional es contrario a las agujas del reloj, y no lo activan en el sentido de la luna o *widdershins,* que para ellos es el de las agujas del reloj.

Más problemáticas en el hemisferio sur resultan las direcciones, ya que son opuestas al norte. Por ejemplo, las regiones frías tradicionalmente asociadas con la Tierra en el hemisferio norte en la Wicca están al sur hacia la Antártida para el hemisferio sur. Del mismo modo, el calor está al norte, hacia el ecuador, y el litoral, para el Agua, puede estar al este para el hemisferio sur.

La mejor manera de evitar todo eso es trabajar exclusivamente con los elementos, en lugar de con las direcciones, y disociarse así del norte. Por ejemplo, con la Tierra, ubica el altar y la posición del círculo para este elemento en dirección a la mayor masa de tierra que exista allá donde estás haciendo tu magia. El Fuego estaría en la dirección del calor, el Agua en la del océano o fuente de agua más próxima y el Aire hacia las montañas o llanuras.

DANDO LA BIENVENIDA A LOS GUARDIANES ELEMENTALES EN LA CREACIÓN DE TU CÍRCULO

Tras la formación del círculo, muchos wiccanos invocan en el ritual a los guardianes de cada cuadrante elemental del círculo, a menudo llamados guardianes de las Atalayas, y generalmente comienzan por la Tierra.

En el hemisferio norte, los guardianes son recibidos en el sentido de las agujas del reloj, alrededor del círculo. Tierra va seguida de Aire, seguida a su vez de Fuego, y seguido de Agua, y en sentido contrario a las agujas del reloj en el hemisferio sur, de nuevo empezando por Tierra.

Los Guardianes Elementales añaden sus diversos poderes para energizar, y dar vida y forma a elementos tales como la sal, el incienso, la llama de las velas y el agua del altar. Los Guardianes pueden identificarse con deidades (el norte y el oeste están tradicionalmente representados por formas energéticas de deidades femeninas, aunque esto puede variar según la cultura; arcángeles; animales de poder; o espíritus elementales). Puedes consultar las listas de asociaciones de este capítulo o la sección de deidades del capítulo 3.

En la magia formal, a los Guardianes se les suele llamar Señores y/o Damas de las Atalayas.

Estos sabios protectores son muy importantes y protegen al círculo de todos los sentimientos negativos terrenales, así como de cualquier presión externa del mundo exterior.

Como estás trabajando con poderes espirituales, los Guardianes también impedirán que cualquier cosa que no sea benigna pueda entrar en el espacio sagrado, mientras estás espiritualmente abierto y vulnerable durante el ritual.

DESCUBRIENDO TUS GUARDIANES ELEMENTALES

Si estás trabajando solo, siéntate en cada cuadrante de tu círculo por turnos y permite que la imagen de una persona, animal, pájaro o criatura marina acuda a tu mente de forma natural, como representación del guardián de ese cuadrante elemental. Si estáis meditando juntos como parte de un ejercicio de coven, antes del ritual, podríais dividir a los miembros del coven en grupos, y permitir que cada uno de esos grupos trabaje con la visualización, para evocar una visión colectiva de su elemento elegido.

Cuando veas en tu visión mental un guardián elemental para cada uno de los cuatro cuadrantes, deja que acuda a ti un nombre para cada uno de ellos.

Puede ser un nombre que puedas identificar después en Internet o en un libro, o tu espíritu elemental o ángel puede adoptar esta apariencia y nombre exclusivamente para ti.

A continuación, decide cómo pedirás a cada guardián que entre en tu círculo después de la formación del círculo y, al final de tu ritual, antes de deshacer el círculo, decide cómo les darás las gracias y cómo te despedirás de ellos.

ABRIR LOS CUADRANTES ELEMENTALES DURANTE EL RITUAL

Una persona elegida —seas tú u otro miembro del coven, elegido para representar cada cuadrante— mira hacia fuera, hacia el punto central elemental elegido, comenzando por la Tierra, y dibuja el pentagrama convocante o atrayente delante de sí misma, en el aire, a la altura de las rodillas y los hombros, y cualquier otra persona presente puede hacer lo mismo. A continuación, levantando ambos brazos en alto, con las manos abiertas y hacia arriba, y luego bajándolos, puedes hacer un saludo a cada guardián, por turno, con palabras como, *Guardián de la Atalaya de la Tierra, eres bienvenido y yo/nosotros pedimos tu protección y bendiciones en este ritual.*

Cuando recibas a los Guardianes Elementales y se abran los portales, podrás ver o percibir los mundos en los que habitan. Por ejemplo, a través de la puerta de la Tierra puedes sentir o vislumbrar ricos bosques verdes o maíz maduro, y a través de la puerta del Fuego puedes ver el sol brillante.

Después del ritual, antes de clausurar, es necesario cerrar los cuadrantes. Tú, o la persona designada para el elemento en cuestión, volverás a dibujar el pentagrama de clausura frente a vosotros en el aire y los demás pueden hacer lo mismo (algunos comienzan el cierre con el elemento Agua), y dar vueltas alrededor del círculo en el sentido contrario a las agujas del reloj en el hemisferio norte, y en el sentido de las agujas del reloj en el hemisferio sur, hasta que los cuatro cuadrantes estén cerrados.

Para cada cuadrante, antes de dibujar el pentagrama de cierre, debes levantar los brazos, tal como hiciste antes, y luego bajarlos, agradeciendo a los guardianes de manera consecutiva, y decir: *Salve y adiós. Hasta que nos volvamos a ver.*

Siempre es importante, especialmente con los espíritus elementales, cerrar las puertas de las Atalayas, ya que, de lo contrario, las fuerzas mágicas pueden permanecer en el cosmos y convertirse en formas de pensamiento o tulpas (una tulpa es un ser u objeto que se crea por pura disciplina espiritual o mental) y, con las energías elementales, esto no es aconsejable. Así que, como alternativa, di: *Sabio Guardián de [elemento], te ofrezco bendiciones hasta que nos volvamos a encontrar.*

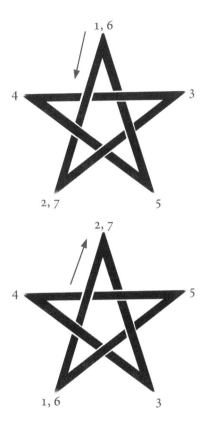

En el próximo capítulo veremos los tiempos mágicos y más asociaciones mágicas tales como con colores, fragancias y cristales, que puedes añadir para realzar hechizos y rituales.

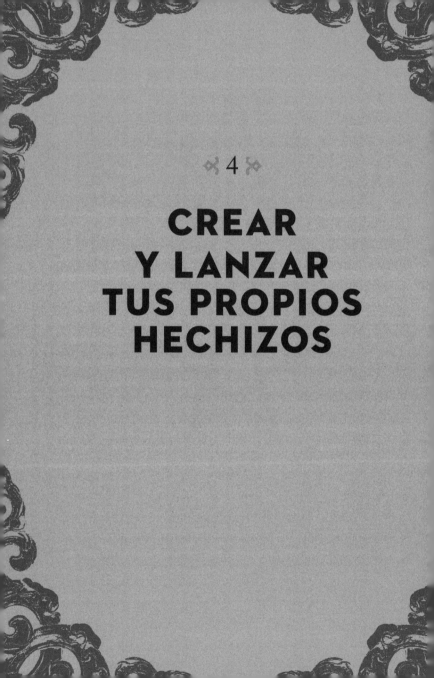

4

CREAR Y LANZAR TUS PROPIOS HECHIZOS

COMO WICCANO, GRAN PARTE DE TU TRABAJO consistirá en lanzar hechizos a beneficio de otros, por encargo de quienes los soliciten; hechizos que realizarás para ti, tu familia, amigos, animales o cualquier persona necesitada; así como hechizos para enviar curación a lugares y personas que sufren.

HECHIZOS, RITUALES Y CEREMONIAS WICCANAS

Las palabras *hechizo* y *ritual* suelen ser intercambiables. Un hechizo acostumbra a ser menos formal y estructurado que un ritual, y suele realizarse para un propósito, una persona, un lugar o una necesidad específicos, y requiere resultados en un plazo de tiempo concreto. Por el contrario, un ritual puede no ser solo un medio para lograr un resultado deseado, sino un propósito en sí mismo, como invocar el poder de la Luna en una noche de plenilunio, para canalizar la sabiduría de la Diosa (los covens celebran sus esbats mensuales, o reuniones, en las noches de luna llena) o con una intención más amplia, como, por ejemplo, fomentar la paz mundial.

Las ceremonias sobre las que trataremos en el capítulo 8 suelen ser rituales aún más elaborados, a los que a menudo se invita a personas no wiccanas o a miembros de la familia; por ejemplo, una *Handfasting* (boda wiccana), un *Baby-Naming* (nombramiento de un bebé) o una celebración durante el Equinoccio de Otoño, para dar gracias por la abundancia recibida a lo largo del año y pedir bienes suficientes para los meses venideros.

En los rituales y ceremonias suele existir una estructura más elaborada, que incluye la bendición de la sal y el agua y la apertura de los cuatro cuadrantes.

TU LIBRO DE SOMBRAS

Una vez que empieces a lanzar hechizos, es posible que desees grabar tales hechizos en un *Libro de las Sombras* privado. Este es el libro de consulta personal de cada practicante, su inspiración, su diario mágico y un legado para las generaciones futuras. Contiene información registrada sobre hierbas e inciensos, cristales y diferentes fases lunares y sus energías, y, si perteneces a un coven, habrá un *Libro de las Sombras* colectivo para registrar los trabajos mágicos de dicho coven.

Un *Libro de las Sombras* está, incluso en estos tiempos tecnológicos, siempre escrito a mano. Se pueden comprar libros de páginas en blanco de cuero o tela y, a ser posible, se debe escribir con pluma y tinta (verde sobre papel crema o negro sobre blanco). Los mejores, aunque no imprescindibles, son los que tienen un encuadernador en el que se pueden insertar páginas en blanco. Esto te permitirá añadir y revisar material.

Para una bruja moderna, una copia *online* de las partes más relevantes del Libro de las Sombras escrito le resulta valiosa, especialmente para intercambiar información con otras brujas y porque los libros físicos pueden perderse o destruirse.

Además, ten a mano un cuaderno lo bastante pequeño como para poder llevarlo siempre que salgas de excursión, un fin de semana o unas vacaciones, para anotar información sobre cualquier planta o hierba nueva que veas crecer, leyendas sobre pozos, yacimientos antiguos, visitas a museos, rimas y cánticos locales, e iglesias y catedrales.

LAS SEIS FASES DEL LANZAMIENTO DE HECHIZOS

Hay seis fases en el lanzamiento de un hechizo. Es importante observarlas todas, aunque puedes variar ligeramente estas pautas si lo consideras oportuno, en el ejercicio tu práctica.

Fase 1: Definir el propósito del hechizo

He descrito las posiciones del hemisferio norte, pero puedes adaptarlas en el hemisferio sur, tal como se sugiere en el capítulo anterior. Mientras formulas tu hechizo, consideres tu marco de tiempo ideal para que los resultados se manifiesten en el mundo cotidiano, a menos que prefieras enunciarlos *cuando llegue el momento de cumplirlo.*

¿El hechizo, es para crearlo una sola vez, o es necesario repetirlo diariamente durante una semana, o mensualmente, o cuando surja la situación particular abordada en el hechizo? Si es permanente, ¿necesitarás lanzarlo de nuevo cuando una bolsa de hechizos pierda su aroma?

A continuación, tendrás que encontrar o crear un símbolo en el que depositarás el poder del hechizo mágico, como, por ejemplo:

- Objetos representativos que se enviarán después de haber lanzado el hechizo; por ejemplo, una planta a alguien enfermo, o monedas para la prosperidad.

- Una bolsa de hierbas, elegidas por su significado mágico, dentro de una bolsita con un cordón del color apropiado, o un cristal, de uno de los que tiene un significado mágico.

- Un mensaje escrito, para quemar en la llama de la vela.

- Velas de colores (véase el significado de los colores en el capítulo 10, página 114-115), con tres o cuatro palabras que representen el propósito del hechizo grabadas en el lateral de cada vela apagada. A menudo se omiten las vocales en los mensajes escritos y se unen las palabras.

- Pequeños muñecos de tela o figuras sin rasgos, de plastilina, pasta o cera de abeja, para representar a los enamorados, a la familia o a un enfermo. Crea una imagen en una lámina de cera de abeja ligeramente derretida: un corazón para el amor, un avión para los viajes de larga distancia o un bebé en una cuna para la fertilidad, por citar algunos ejemplos. Cartas del Tarot, como el Rey y la Reina de Copas, los Enamorados para el amor y el matrimonio, el Mundo para los viajes y la Rueda de la Fortuna para atraer la buena suerte.

- Cuerda, hilo fuerte o cinta para hacer un nudo, que después puede soltarse para obtener poder o suerte, o dejarse atado para refrenar el mal comportamiento o a las personas destructivas, o quemarse en la llama de una vela para desterrar una relación destructiva o los miedos, o colgarse de un árbol para su liberación lenta mediante la descomposición o por efecto del clima.

- Piedras o huesos marcados con imágenes apropiadas, que pueden enterrarse o arrojarse al agua.

Fase 2: Preparar el escenario

- Coloca el símbolo en un plato, en el centro del altar o de la mesa de hechizos, junto con las cuatro sustancias elementales: sal, incienso, vela y agua.
- Visualiza un círculo de luz que te rodea a ti, al altar y a todos los presentes, creado en el sentido de las agujas del reloj.
- Si trabajas solo, empieza con *Yo soy*, seguido de tu nombre mágico secreto, y pide a tus ángeles de la guarda, a tu arcángel favorito, a la Diosa o al poder de la luz y la bondad que te protejan y te ayuden en tu esfuerzo mágico.
- Enciende las velas que se estén utilizando y, a partir de ellas, una varilla de incienso, luego di en voz alta el propósito del hechizo mientras sostienes el símbolo o, si estás en grupo, pásalo de mano en mano para que cada persona pueda definir verbalmente el propósito.

Fase 3: Puesta en marcha de las energías

- Para dotar al símbolo y a la intención manifestada del hechizo de poder elemental, pasa el símbolo alrededor, por encima o a través de las cuatro sustancias elementales, de manera sucesiva. Alternativamente, mantén el símbolo en el centro del altar y rocía/pasa los elementos a su alrededor.

• Comienza con la sal en el norte, luego el incienso en el este, la vela en el sur y el agua en el oeste y para cada elemento añade palabras potenciadoras, tales como *Llamo al éxito/amor/sanación con el poder de la Tierra/Aire/Fuego/Agua.*

Fase 4: Aumentar o incrementar el poder elemental

Esta es la parte más activa y poderosa del hechizo, y consiste en aumentar la velocidad y la intensidad de la acción elemental para combinar los elementos y crear el quinto elemento (Éter, Akasha, o Espíritu), el espacio mágico y la energía para convertir la intención en realidad.

• Baila, toca el tambor, canta o haz todas estas cosas a la vez mientras rodeas el altar.

• Haz nudos en una cuerda y luego hazla saltar rítmicamente entre tus manos ahuecadas.

• Mezcla las hierbas en un cuenco, con una cuchara o una mano de, cada vez más rápido y, a continuación, añádelas a la bolsa, ciérrala y échala al aire.

• Lanza el símbolo, si es un cristal o un objeto sólido pequeño, progresivamente más arriba, por los aires.

• Si estás en un grupo, pasa el símbolo cada vez más rápido alrededor del círculo, con un canto enunciado cada vez más rápido, diciendo, por ejemplo: *Poder de la magia, poder del hechizo, poder de la magia, usa bien la magia.*

- Si trabajas solo, encanta el símbolo con las palmas de ambas manos, manteniendo estas hacia abajo y abiertas, unos centímetros por encima del símbolo, en el centro del altar.
- Si estás al aire libre, haz grandes círculos con un ramillete de hierbas para sahumar, dejándolo dictar su propio camino y sus formas.
- Si estás en el interior, haz girar un par de varillas de incienso encendidas, una en cada mano, a unos centímetros por encima del símbolo, mientras la varilla de incienso o la mano derecha se mueven en el sentido de las agujas del reloj y la izquierda en sentido contrario.
- Independientemente del método que emplees, mueve tus manos, tu cuerpo, etc., cada vez más rápido y entona un canto para atraer los cuatro poderes elementales, cantado o enunciado cada vez más rápido, con un volumen y a velocidad cada vez mayores hasta que las palabras dejen de estar separadas.
- Un canto repetitivo wiccano popular es *Tierra, Aire, Agua, Fuego, concededme lo que deseo.*
- Un canto un poco más complejo para elevar el poder es *Agua, Aire, Fuego y Tierra, haced realidad esto que deseo, seguido de Agua* [pausa], *Aire,* [pausa], *Fuego* [pausa], *Tierra,* [pausa].
- A medida que aumentan la potencia, la velocidad y la intensidad, ya sea que estés solo o con un coven, circunda el altar, cambiando el cántico a *El poder de la Tierra* [palmada y pisotón], *el poder del Aire* [palmada y pisotón], *el poder del Fuego* [palmada y pisotón], *el poder del Agua* [palmada y pisotón].
- Otros cánticos de conjuro incluyen nombres de diosas, siendo las más populares en cuanto a cánticos, en todo el mundo, Isis, Astarté [o Diana,

Hécate, Deméter o Kali] o Inanna (véase el capítulo 6 [página 79] para saber más de estas Diosas).

- Muévete, toca el tambor, zapatea, aplaude o salmodia hasta que sientas que la potencia ha alcanzado su punto álgido. Es como acelerar un coche con el freno de mano puesto o pilotar un avión cuyas ruedas empiezan a despegar del asfalto.

Una fase 4 alternativa

- Si estás lanzando un hechizo de curación o dejando ir la pena o el dolor, en lugar de liberar el poder al cosmos, empuja con suavidad el poder hasta, por ejemplo, una bolsa con una mezcla de hierbas curativas o un cristal de color suave que ha utilizado como el foco del hechizo.

- Aumenta la energía hasta que casi hayas alcanzado el *crescendo*. Mantén la energía elevada durante un momento, manteniendo la voz y los movimientos firmes, y luego empieza a recitar las palabras en voz más baja y también a ralentizar las acciones.

- Sigue reduciendo tus movimientos y palabras hasta que estas pasen de ser un susurro a convertirse en silencio, al cesar tus acciones.

- Apunta hacia abajo con las varillas de incienso o con los dedos cerrados de ambas manos, hacia el símbolo, en un ángulo de 45 grados (ligeramente alejado si fuese necesario, para que no caiga ceniza sobre el símbolo, las hierbas o los cristales), de forma que el poder y la luz fluyan directamente hacia el símbolo. Recita: *Que la luz o el poder de la Diosa/ ángel* [nombre] *entre aquí y traiga paz/sanación. Bendiciones para todos.*

- Cuando sientas que el poder ha pasado al símbolo, permanece inmóvil o en silencio durante un momento, devuelve las varillas de incienso a sus soportes, para que se consuman, y pon las manos frente a ti, vueltas hacia abajo, para que cualquier poder residual pueda fluir hacia la tierra.

Fase 5: Formas de liberar el poder

Cuando tú o la persona que dirija el hechizo consideréis que es el momento adecuado, liberaréis el poder en el cosmos.

Cuantos más hechizos hagas, con mayor facilidad serás consciente, hacia el final de la Fase 4, de la presencia un vórtice con los colores del arcoíris, en espiral (a menudo llamado cono de poder) sobre ti. Y ahora explotará a tu alrededor en un glorioso espectáculo de fuegos artificiales.

Algunas personas lo ven clarividentemente en su visión interior o lo perciben.

LIBERAR EL PODER DEL HECHIZO EN EL COSMOS

Levanta las varitas de incienso y mantenlas erguidas por encima de tu cabeza, diciendo: *El poder es libre, el poder está en mí.* Sumerge las varitas de incienso simultáneamente en un cuenco de arena, tierra o agua, para apagarlas. Levanta las manos y los brazos estirados hacia arriba a ambos lados de la cabeza, luego pásalos por detrás y hacia delante, a la altura de la cintura, en un movimiento como de corte, y luego hacia abajo de nuevo.

Grita, aplaude, zapatea, salta o redobla los tambores al final, mientras afirmas: *El poder es libre. El deseo es mío o soy puro Espíritu.*

Fase 6: Llegar al final

- Sin emitir ningún sonido, sujeta el símbolo y deja que las energías se sinteticen y fluyan.

- Si trabajas en grupo, pasa el símbolo lentamente para que cada persona lo dote de bendiciones silenciosas o pronunciadas en voz baja.

- Las energías liberadas al cosmos llenarán el símbolo y tu campo energético del aura y el de todos los presentes.

- Apaga las velas que queden y lleva a cabo una bendición enunciada, de despedida y agradecimiento a los guardianes que te protegieron.

- Visualiza la luz del círculo desvaneciéndose en la dirección inversa a la que la llamaste.

- Si el símbolo es para alguien que no está presente, envíaselo a la persona ausente o, si no resulta práctico, guárdatelo junto a una foto suya.

- Por último, siéntate en el suelo y presiona con las manos y los pies sobre la tierra, para dejar salir el exceso de energía desenfocada.
- Alternativamente, colócate de pie con los pies separados y las manos a los lados, con los dedos apuntando hacia abajo, y siente cómo te ralentizas gradualmente y tu cuerpo y tu mente se relajan. También deberías hacerlo después de los rituales.
- Ordena el área, y cuando estés listo para dejar el lugar del hechizo, susurra suavemente o di en tu mente: *El rito ha terminado. Que las bendiciones sean con todos.*

En el próximo capítulo aprenderemos a crear rituales wiccanos.

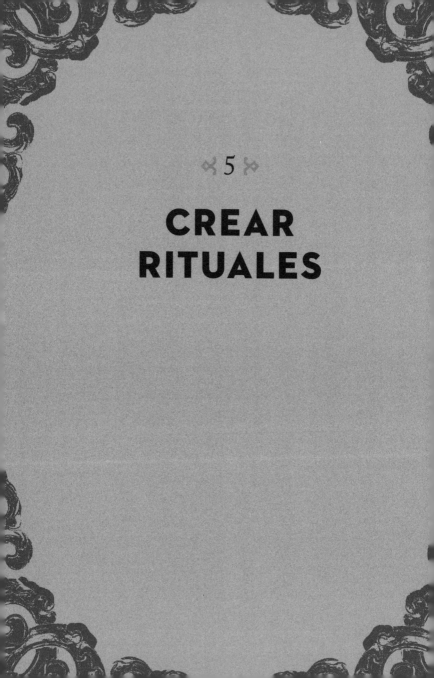

5

CREAR
RITUALES

Mientras que algunos wiccanos se centran felizmente y con mucho éxito en el lanzamiento de hechizos, los rituales son la siguiente y más formal etapa de la magia. Al igual que los hechizos, los rituales pueden realizarse en solitario o en compañía. Puede que reconozcas algunas de las etapas que describo en este capítulo de otros capítulos anteriores, pero ahora vamos a conocerlas con más detalle.

En el capítulo 6, por ejemplo, describo el ritual de Atraer la Luna hacia Abajo, variaciones sobre las que muchos practicantes solitarios, grupos de magia informales y covens más formales practican mensualmente cuando hay luna llena. Después de leer este capítulo, tendrás las herramientas para realizarlo tú mismo. No hay límite para que puedas realizar rituales. Puedes enviar paz o curación a zonas que sufren guerra, sequía u otras catástrofes naturales, o incluso a personas desfavorecidas que luchan contra la pobreza o la enfermedad. Puedes ofrecer fuerza a quien la necesite. Sin embargo, los rituales pueden simplemente hacerse para agradecer las bendiciones recibidas, pedir una bendición privada o colectiva, o pedir ayuda.

Muchos rituales se centran en ritos de paso, como un Handfasting[3], el fallecimiento de un amigo querido, un familiar o un miembro de un coven, o en una persona que haya hecho el bien en el mundo, una ceremonia para dar nombre a un bebé o en los puntos de cambio estacional, para insuflar fuerza al año. Estos temas se tratarán en detalle más adelante en el libro.

OFRENDAS RITUALES

Las ofrendas, que suelen ser materiales naturales, tales como flores/pétalos, hierbas o cristales, a menudo ocupan el lugar de un símbolo focal y, al hacerlas, puedes pedir lo suficiente para tus necesidades y un poco más, y a cambio ofrecer tu servicio a los demás y al planeta. Cada uno de ellos tiene un significado mágico que podrás descubrir en el capítulo 10 (página 95). Ten en cuenta que, para mayor facilidad, en todas estas descripciones utilizo las direcciones y asociaciones del hemisferio norte.

Pre-Ritual

Decide la hora y la fecha adecuadas para el ritual, así como los perfumes de incienso apropiadas, los colores de las velas, etc., utilizando de nuevo las referencias que doy en el capítulo 10.

Si se trabaja ritualmente en un coven o con un grupo mágico menos formal, se decide de antemano el formato que seguiréis y quién será responsable de determinadas partes del ritual. Si trabajas en solitario, elabora un plan por escrito, pero lleva a cabo el ritual sin notas, ya que lo que importa es

---

[3] Literalmente, un atamanos. Una ceremonia en la que se une la pareja con ligadura en la muñeca y que simboliza el compromiso (*N. del T.*).

la espontaneidad y tener el corazón abierto. Sólo en la magia muy formal es necesaria una precisión total.

Prepárate bañando o ungiendo tus cuatro centros principales de energía y poniéndote una túnica holgada que tengas dispuesta para la ocasión (consulta el capítulo 1, para obtener información sobre la dedicación del altar), antes o inmediatamente después de asperjar la zona del círculo previsto.

Fase 1: Preparación del área ritual

Limpia la zona del círculo prevista asperjándola o rociándola con un pequeño manojo de ramitas mojadas en agua, y/o barriendo (véase el capítulo 2, para obtener información sobre la creación de círculos).

En interiores, sahúma la habitación con una varilla de humo de hierbas de cedro o artemisa, o una varilla de incienso de cedro o pino, realizando círculos alternos en el sentido de las agujas del reloj, y luego en sentido contrario. Tanto en el interior como en el exterior, añade un canto mientras trabajas, como, por ejemplo: *Que solo la bondad y la luz permanezcan aquí y que esta zona se dedique al mayor bien y al propósito más elevado.*

Prepara tu altar con las cuatro sustancias mágicas: un cuenco de sal, incienso, vela y un cuenco de agua, y las muchas o pocas herramientas mágicas enumeradas en las páginas 15 a 19 que elijas. Incluye el pentáculo en el norte, el athame o cuchillo en el este, la varita en el sur y el cáliz en el oeste, cada uno a la derecha de su propia sustancia elemental. Puedes consultar el capítulo 1, para obtener más información sobre la colocación del altar.

En el centro del altar, emplaza un cuenco de ofrendas para tus ofrendas simbólicas (utiliza un mini caldero si así lo deseas). Es bueno usar un caldero de tamaño normal al aire libre, en una reunión más grande; puede servir como depósito central de ofrendas.

Antes de empezar el ritual, pasa las manos por el altar nueve veces: aquella con la que escribes en el sentido de las agujas del reloj y con la otra en sentido contrario, con las palmas hacia abajo. Di nueve veces: *Bendice este altar y este ritual. Que mi/nuestra magia sea solo para el mayor bien y con la intención más pura.* He visto que incluso en el hemisferio sur, para elevar el poder, la mayoría de los practicantes utilizan la mano de poder en el sentido horario del norte y la mano receptiva en sentido antihorario.

Enciende previamente el carbón si utilizas incienso granulado en lugar de varillas o conos.

Fase 2: Marcar el comienzo del ritual formal

Toca la campana en cada uno de los Cuadrantes del círculo, ya sea este físico o visualizado. Si utilizas uno ya construido, empieza por el norte, donde está la campana. Luego haz una bendición de apertura y pide la protección del Dios y la Diosa, del poder de la luz, o de deidades concretas, mirando hacia el norte, o si hay otras personas presentes, de pie en el centro del círculo visualizado, girando lentamente en todas direcciones mientras hablas.

Levanta los brazos a lo alto y abiertos mientras dices algo así como *Bendecid este ritual, Madre y Padre, mantened el daño en el exterior y la paz dentro. Bendecidme/ bendecid a todos los que se reúnen aquí/este día o Por la tierra y el cielo y el mar sean benditos, por la luna y el sol y estrellas sean santificados.*

Enciende la vela de la Diosa y, con esa, la vela del Dios, de izquierda a derecha.

Bendice la sal y el agua y añade sal al cuenco de agua, tal como hiciste en el capítulo 1 al consagrar tus herramientas. Haz la cruz primero en la sal y luego en el cuenco de agua con el *athame*.

Enciende la vela elemental del sur y, si utilizas cuatro velas de altar direccionales, enciéndelas de norte a oeste en el sentido de las agujas del reloj, lo que haría un total de dos velas en el sur.

Enciende los conos de incienso o las varillas de incienso a partir de la vela de la Diosa, o espolvorea un poco de mezcla de incienso sobre el carbón, que debe estar al rojo vivo.

Fase 3: Activar el círculo

Consulta el capítulo 2, a partir de la página 24.

En un rito de grupo, después de la bendición y antes de la formación del círculo, puedes guiar a todos los presentes hacia el área ritual, todos uniendo las manos y formando una espiral hasta constituir un círculo físico unido por las manos, con la palma izquierda hacia arriba y la derecha hacia abajo. A continuación, crea el círculo mágico a su alrededor e indícales que bajen las manos.

Camina por el interior del círculo y, cuando estén frente a ti, rocía a cada uno con unas gotas de agua o agua salada, diciendo *Bendito seas* o *Sé bienvenido*

Rocíate con el agua salada sagrada si trabajas solo, volviendo al altar después de la activación del círculo, mirando hacia el norte.

Fase 4: Apertura de los cuadrantes

Por turnos, ve invitando a los Guardianes Elementales al círculo, para que se sitúen en las cuatro atalayas o cuadrantes. Puedes volver a leer sobre ellos en el capítulo 3.

Alternativamente, solicita la presencia de los cuatro arcángeles principales: Uriel en el norte, Rafael en el este, Miguel en el sur y Gabriel en el oeste.

Saludo a los Guardianes

Desplazándote por el interior del perímetro del círculo activado, cuando llegues al centro del primer cuadrante visualizado, la Tierra, en el norte, mira hacia el norte, levanta ambos brazos (con las manos abiertas y vueltas hacia arriba) y di: *Sabio guardián del norte, salve y bienvenido.*

Luego continúa con Aire, Fuego y Agua, y por último regresa al altar.

Pide para que te alcancen las cualidades de cada poder elemental apropiado, como puede ser la inspiración del Fuego para entrar en el ritual, y podrías describir el lugar de fuego/luz del que ves salir al Guardián del Fuego. Luego traza el pentagrama de invocación que aparecen en el capítulo 3 en cada Cuadrante.

Si están en grupo, todos deben mirar hacia la dirección en la que se abre, levantar los brazos y corear el *Ave y bienvenido.* A continuación, dibujad el pentagrama en el aire. Algunos practicantes hacen el pentagrama *antes* del saludo, tú eliges.

Estando en grupo, cuatro personas diferentes pueden dirigir la apertura de cada Cuadrante.

Usar el Pentagrama para Saludar a los Guardianes.

Hay dos formas de saludar a los Guardianes con el pentagrama, cuando encaras cada dirección.

Utiliza el pentagrama invocador genérico descrito en el capítulo 3, que es, de hecho, el pentagrama invocador del elemento Tierra (véase la página 70 para los pentagramas específicos de cada elemento). O bien, hacer un pentagrama invocador elemental diferente, según el elemento del cuadrante que se abra.

Para recordarte el Pentagrama Invocador Polivalente

Los pentagramas se trazan, por lo general, desde la altura del pecho con el brazo extendido y flexionado en un ángulo de unos 60 grados con respecto al cuerpo. Debes estar mirando hacia el exterior, hacia la Atalaya. Los pentagramas deben dibujarse del tamaño de un plato grande o de un pequeño escudo redondo.

Traza pentagramas con tu *athame,* tu varita, el dedo índice y el segundo dedo de tu mano de poder juntos con el resto de los dedos flexionados, o con la mano entera con todos los dedos juntos.

Si utilizas los diferentes pentagramas elementales para abrir una Atalaya, dibuja el pentagrama partiendo del punto *opuesto* a su punto elemental en el pentagrama (ver los pentagramas específicos de cada elemento en la página 70).

Para cerrar la Atalaya al final del ritual, dibuje el pentagrama *a partir* de su punto elemental en ese pentagrama.

Invoca *hacia* y destierra *lejos* del elemento con el que estás trabajando.

Los pentagramas se visualizan en sus propios colores —verde para la Tierra, amarillo para el Aire, rojo para el Fuego y azul para el Agua— o en un azul eléctrico brillante.

Los siguientes diagramas te recordarán las posiciones elementales para que sepas por dónde empezar a dibujar:

INVOCANDO TIERRA

DESTERRANDO TIERRA

INVOCANDO AGUA

DESTERRANDO AGUA

Fase 5: Invitar a los sabios

A continuación, invita al círculo a antepasados elegidos, espirituales y reales, así como a tus guías espirituales y a los ángeles de la guarda de los presentes.

Mira hacia el oeste y haz sonar un cuerno, llama con tu voz, toca nueve veces el tambor, toca nueve veces la campana o golpea el suelo con tu bastón para invitarles a entrar.

Si estás al aire libre, gira en un círculo completo, en el sentido de las agujas del reloj, desde el norte, con los brazos abiertos, las palmas de las manos hacia fuera y en posición vertical, preguntando a los seres feéricos benignos y a los espíritus de la naturaleza si desean asistir.

Por último, mira hacia el sur, abre de nuevo los brazos y pregunta si las deidades (puedes nombrarlas) quieren entrar en tu círculo y ritual.

Fase 6: Definir ceremonialmente el propósito del ritual

Si trabajas solo, empieza con *Yo soy* y enuncia tus nombres mágicos. Luego di: *Vengo a este lugar a esta hora para* [*indicar el propósito del rito*].

Haz tus ofrendas en el cuenco central.

Si hay otras personas presentes, cada una deber añadir su ofrenda o pasar el cuenco.

A continuación, la persona que dirige el ritual bendice el plato de ofrendas con las cuatro sustancias elementales —sal, incienso, vela y agua sagrada—, pasándolas por encima del plato o rociándolas a su alrededor.

Ahora, con las cuatro herramientas sagradas por turno, primero el pentáculo, luego la punta del athame, luego la punta de la varita y por último el cáliz, se las circunda, con las bendiciones elementales apropiadas.

Luego, sosteniendo tú mismo el plato de ofrendas o pasándolo de mano en mano por el círculo cuatro veces, pide a todos los presentes que lo doten, primero con una fuerza o cualidad de Tierra, luego de Aire, después de Fuego y finalmente de Agua.

Fase 7: La esencia del ritual

La esencia o clave del ritual estriba en cargar de poder las ofrendas, de la misma forma que en los conjuros: bailando, tocando el tambor, cantando, etc., con una persona elegida que dirige al grupo, quizá en una danza en espiral o en círculo, cada vez más rápido, alrededor del altar.

Alternativamente, se podría hablar de la carga (palabras sabias) de la Diosa/el Dios, y, en tal caso, tú, o quienquiera que las pronunciase, se sentiría movido a hablar espontáneamente sobre el propósito del ritual (véase el capítulo siguiente), y todos los presentes añadirían su propia inspiración en voz alta.

Fase 8: La liberación del poder/la resolución

Una vez que el poder ha aumentado se libera para que suba y baje hacia el símbolo de las ofrendas. Todos los presentes pueden dar un último salto y aplaudir, para luego sentarse o permanecer inmóviles permitiendo que el poder del cono se eleve y entre en las ofrendas, y en todos los presentes.

Fase 9: El ritual del cáliz y la hoja

En un ritual personal, esto formaría la parte final de la ceremonia, o entre un grupo, ya que la parte de las galletas/cerveza que sigue es una extensión de todo esto.

Coge el cáliz/copón en la mano receptiva y el athame en la mano de poder, y baja suavemente la punta del cuchillo hasta que casi toque la superficie del vino o zumo. Esto representa la unión de las energías de la Diosa (en el cáliz) y del Dios (en el cuchillo). Di: *Como lo masculino con lo femenino, el Dios con la Diosa, así en este vino/zumo se unen el poder y el amor, la fuerza, la compasión, el esfuerzo y la aceptación. Bendito sea.*

Vierte un poco en el suelo o en el interior en un cuenco especial, para echarlo más tarde en el exterior. Ahora, bebe un poco y deja el resto en el altar, o pásalo/llévalo alrededor del grupo para que cada uno beba, con un beso en cada mejilla, y di: *Bendito sea.*

Fase 10: Sustitución de las galletas/cerveza por el cáliz/hoja

En esta fase añadimos los elementos de Tierra/grano al vino/agua (a semejanza de la comunión de los cristianos) y esta etapa es opcional.

Se necesita una pequeña torta o galleta, hecha con miel para cada persona, más una adicional como ofrenda, y un cáliz lleno de vino o zumo de frutas de color oscuro.

Si hay más de una persona presente, una puede bendecir los pasteles y dos el vino.

Antes del ritual, coloca los pasteles hacia el norte del altar en un plato o fuente marcada con un pentáculo y el cáliz, como de costumbre, en el oeste.

Al final del ritual, levanta los pasteles hacia el cielo, delante del altar, mientras te colocas al sur del mismo, mirando hacia el norte.

Bájalos al nivel de tu plexo solar y haz un pentagrama de invocación a la Tierra, o cruza los pasteles con tu mano de poder, mientras los sostienes con la otra, diciendo: *Que la abundancia de la Madre y la generosidad del Padre me bendigan y me nutran, me sostengan y me protejan todos mis días. Benditos sean.*

Coloca el plato en el centro del altar.

Toma el cáliz/copa en tu mano receptiva y añade el ritual del cáliz y la hoja aquí, en lugar de hacerlo por separado, como antes .

Acto seguido devuelve el cáliz al centro del altar, ahora a la derecha de las tortas.

De una de las galletas, esparce unas migajas por el suelo o en un plato de ofrendas si la ceremonia se realiza en el interior y di: *Devuelvo este regalo a la Madre Tierra en agradecimiento por las bendiciones recibidas. Bendiciones a ti, madre, y a todos los aquí reunidos.*

Ahora, los que han realizado las bendiciones rituales comerán un pastel cada uno y luego los pasarán a los demás presentes. Cada destinatario dice Bendito sea.

Devuelve el plato al altar y toma el vino, dejando caer un poco de en el suelo y agradeciendo de nuevo a la Madre Tierra sus bendiciones. Vierte esta ofrenda en un plato si la ceremonia tiene lugar en el interior. Puedes sacar las migas y el líquido al exterior, después de la ceremonia.

Ahora bebe u ofrécelo a la otra persona que bendijo el cáliz. El receptor tomará un sorbo y te lo ofrecerá a ti o a la otra persona que haya realizado la bendición, diciendo *Bendito sea.*

Si hay otras personas presentes, pasa la copa para que cada uno pueda tomar un sorbo, diciendo de nuevo *Bendito sea.*

Fase 11: Reorientar las energías

Este es un momento especial antes del cierre del círculo para la adivinación personal/grupal (agua en un cuenco o en el caldero con velas encendidas alrededor o en una esfera de cristal, que se va haciendo circular); también para enviar bendiciones curativas; para cantar; para tocar suavemente el tambor; o para pedir deseos para el futuro, a la llama de una vela. A solas es un buen momento para escribir inspiradamente en tu *Libro de las Sombras.*

Fase 12: Cerrar los cuadrantes

Encara hacia el sur si has invitado a las energías de la deidad, abre los brazos de par en par como hiciste al llamarlas y dales las gracias, y di: *Salve y adiós. Hasta que nos volvamos a ver.* Todo el mundo puede hacer esto.

Mira hacia el oeste y despídete de los antepasados golpeando el bastón o haciendo sonar la campana, tal como hiciste para llamarlos y darles las gracias, diciendo: *Salve y adiós. Hasta que nos volvamos a ver.*

Acto seguido, ve al perímetro interior occidental del círculo y cierra la puerta elemental del Agua (algunos la cierran de norte a este, tal como sugerí en el capítulo 3). Prueba ambas opciones y comprueba cuál es la que te funciona. Aquí doy la alternativa que tiene la ventaja de terminar donde empezaste, con el Guardián del Norte.

Levanta los brazos en alto y abiertos, con manos abiertas y las palmas hacia arriba, y di: *Salve y adiós a los Guardianes del Oeste,* agradeciéndoles su protección y su fuerza y añadiendo: *Hasta que nos volvamos a ver.*

De nuevo, todos los presentes deben mirar hacia el oeste y corear: *Salve y adiós.*

Haz el pentagrama de destierro elemental apropiado en cada cuadrante, si así lo deseas, ya sea antes o más normalmente después de la despedida, o haz el pentagrama de destierro más genérico (consulta la página 49) en cada Cuadrante.

Luego, lentamente, por turnos, cierra cada puerta, moviéndote en el sentido contrario a las agujas del reloj, desde donde empezaste el cierre, diciendo *Salve y adiós. Hasta que nos volvamos a encontrar,* hasta que vuelvas al punto de partida.

Ve apagando las velas direccionales a medida que te desplazas.

Algunas personas cierran las puertas en la misma forma en las que las abrieron, en el sentido de las agujas del reloj desde el norte, y puedes hacer eso justo después de despedirte de los ancestros moviéndote *deosil,* en el sentido del sol, hacia el norte; pero a mí hacerlo en el sentido contrario a las agujas del reloj me parece mejor.

Fase 13: Abrir y deshacer el círculo

Enuncia o canta: *Que el círculo que se forma para siempre no se rompa, que el amor de la Diosa esté para siempre en mi/nuestro(s) corazón(es). Feliz encuentro, feliz despedida y feliz reencuentro* (un canto wiccano popular).

Otro de mis favoritos es: *Que nunca tengas hambre. Que nunca tengas sed. Que nunca llores solo/a sin brazos amorosos que te abracen. Y que la Diosa me/te sostenga en la palma de su mano hasta que yo/nosotros nos acerquemos de nuevo.*

Vuelve a leer la sección del capítulo 2 sobre desactivar círculos, página 32.

Fase 14: A posteriores

Si se ha celebrado en grupo, se suelen recitar ofrendas musicales o poemas y se disfruta de una comida para llevar y compartir. Si se está solo, se puede comer y beber algo especialmente bueno, mientras se escucha música suave.

Deja las velas del altar encendidas hasta que te vayas.

En el próximo capítulo trabajaremos con las Diosas de la Wicca.

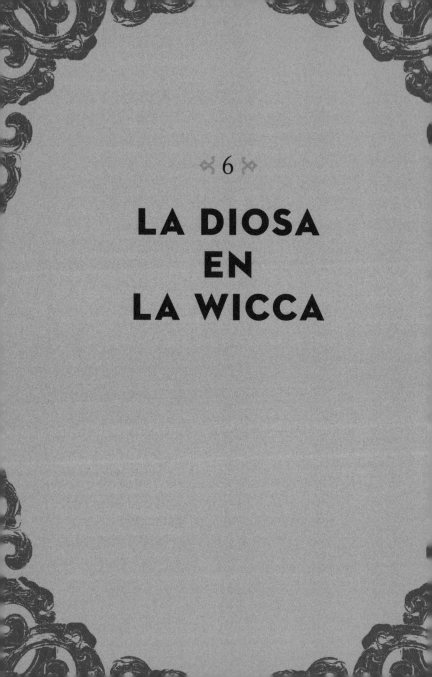

6

LA DIOSA
EN
LA WICCA

L A DIOSA ES CENTRAL EN LA WICCA Y A VECES ES EL
foco principal o único del ritual wiccano, considerada como aquella
que dio a luz al mundo, a todas las personas y criaturas, así como
al sol, las estrellas y la Luna. Su Dios/hijo/consorte se considera su primera
creación. Así que los wiccanos varones, siendo parte de su creación, poseen la
chispa de la Diosa y tienen el poder de la Diosa dentro de ellos.

De hecho, en la Wicca moderna, la carga mágica o las palabras sagradas
de la Diosa —que se atribuyen a Doreen Valiente, la Gran Sacerdotisa de
Gerald Gardner, el fundador de la Wicca— son las siguientes: *De Mí proceden
todas las cosas, y a Mí deben volver todas las cosas. Deja que tu ser divino más
íntimo se envuelva en el éxtasis del infinito.*

LA MADRE DE TODO

La expresión Madre de Todo describe la fuerza cósmica que lo abarca todo
y de la que procede toda vida, que contiene lo masculino y lo femenino; la

oscuridad y la luz; el potencial del bien y del mal; la creación y su alter ego, la destrucción; la vida y la muerte; y, por último, el renacimiento y la renovación.

Las primeras estatuillas de piedra de la Diosa Madre de la fertilidad datan de hace más de 20.000 años, en zonas que se extienden desde los Pirineos hasta Siberia. Las madres de la fertilidad originales, que invocaban la fecundidad de la humanidad y de los rebaños, estaban embarazadas y al principio carecían de rasgos, y estaban dotadas de pechos y caderas prominentes.

Los rituales de fertilidad siguieron estando en el centro de la relación entre los seres humanos y la Madre Tierra a medida que se dedicaban a la agricultura, porque se creía que la fertilidad de la tierra, los animales y las personas estaban indisolublemente unidas. Se creía que hacer el amor en los campos en el momento de la siembra despertaba la fertilidad de la tierra y de las personas.

El dios también cambió del Dios Cornudo o astado, al cazador, que sigue siendo el dios principal en la Wicca; el dios de la vegetación; del protector y vengador a agricultor, guerrero, sacerdote o rey; y dios del sacrificio del grano.

EL MATRIMONIO SAGRADO

Los poderes separados de Dios y Diosa están en las raíces de la Wicca, como lo han estado en la magia desde los tiempos neolíticos. Algunos covens y practicantes de magia utilizan la magia sexual entre parejas comprometidas, en privado, pues el momento del orgasmo mutuo actúa como desencadenante de la liberación del poder mágico. Sin embargo, el matrimonio sagrado está generalmente, tal como he descrito en el capítulo anterior, simbolizado mediante sumergir un *athame* o cuchillo ritual, que significa el poder generativo masculino, en el cáliz receptivo de agua bendita y vino, o aguas del útero. He escrito más sobre el Matrimonio Sagrado en el próximo capítulo sobre el Dios en la Wicca.

ASUMIR PODERES DE DIOSA MÁGICAMENTE, FORTALECIENDO A LA DIOSA INTERIOR

En el Antiguo Egipto, se creía que hablar como si fueras un deidad amplificaría el poder de la deidad superior que hay dentro de ti, porque todos contenemos la chispa de la creación de la Diosa y somos parte de ella.

La carga o palabras sagradas de la Diosa han pasado a formar parte de la tradición wiccana.

LA CARGA DE LA DIOSA

En la magia moderna, la invocación del poder de la Diosa se ha incorporado en una ceremonia formal llamada la carga de la Diosa. Esto se realiza a menudo en la noche de luna llena, en el esbat, como parte del rito de Atraer la Luna. Se dice que induce un trance por el que la diosa puede hablar a través de ti. De hecho, puede formar parte de cualquier ritual o meditación privada, ya trabajes solo, en grupo o en un coven formal.

Crear tu propia carga de la diosa. La carga de la Diosa actúa como el vehículo para el poder de la Diosa, de modo que hablas palabras inspiradas como si fueras la Diosa. Puedes encontrarte con que incluso las palabras cuidadosamente aprendidas o elaboradas cambian a medida que te vinculas psíquicamente con el poder de la Diosa, por lo que tu carga personal evolucionará con el tiempo.

En la tradición de Gerald Gardner, Doreen Valiente, una bruja muy dotada, trabajó para crear una hermosa carga de la Diosa, para la usasen en un coven. También se encuentran otras versiones de cargas *online*. La carga original fue enunciada a través de la forma de la Diosa de la Luna Diana y registrada en el libro *Aradia, o el Evangelio de las Brujas*. Se dice que el antropólogo Charles Leland recibió el manuscrito original de una bruja italiana llamada Maddalena a finales de la década de 1890.

Sin embargo, creo que puede serte útil, incluso si estás practicando brujería en un coven, el crear tu propia versión privada o colectiva de coven, de la Carga de la Diosa.

Al comenzar, trabaja en torno al marco básico que sugiero en las páginas siguientes o con una versión online. Asegúrate de llevar un registro grabado.

Escucha la grabación más tarde, pero no intente reescribirla palabra por palabra. Utiliza más bien las palabras como inspiración personal o de grupo con una persona haciendo las veces de escribano.

Procura que sea relativamente corta para que puedas memorizarla con facilidad. Después, puedes convertirla en parte de tus rituales personales de Diosa y recitarla durante las lunas llenas.

LAS FASES DE LA CARGA

Fase 1: La madre en todos sus aspectos

Esta sección inicial se refiere a la Madre de Todo, la única fuerza creativa generadora que contiene lo masculino y lo femenino, la oscuridad y la luz, la creación y la destrucción, y el nacimiento y el renacimiento.

Yo soy la Gran Madre que ha sido conocida de muchas formas y por muchos nombres, durante incontables eras; sin embargo, soy y siempre seré una y la misma, tu Madre protectora y amorosa. Yo te creé y por lo tanto estoy dentro de ti y tú en mí,

así que no temas, sino que ámame y respétame, y reverénciate a ti mismo.

Fase 2: La diosa se define en tu vida como la reina femenina de la tierra y los cielos

Continúa hablando como si fueras la Diosa. Esta es una sección donde puedes añadir los nombres de cualquier diosa que aparezca en este capítulo, *online* o en libros. La forma de Isis del Antiguo Egipto —una diosa wiccana superior— suele llamarse la Diosa de los 10.000 nombres; un recordatorio de que todas las Diosas (y Dioses) son aspectos de una energía.

Cuando haya luna llena o a cualquier hora del día o de la noche, en cualquier estación, y siempre que necesites mi ayuda, sabiduría o consuelo, busca un lugar tranquilo y llámame a tu vida para despertar mi presencia en ti. No solo soy tu Madre, sino también tu hermana, amiga, hija y abuela.

Tráeme tus esperanzas con la luna creciente y comparte tus sueños cuando la luna esté llena , y yo te ayudaré a hacerlos realidad. Déjame llevarme tus penas y tus miedos, como la luna muere cada mes. Porque estoy contigo en tu juventud y en tu vejez, siempre que me necesites.

Yo estoy en la luna que atraviesa el cielo, en el brillante carro del sol del mediodía, en la tierra fértil, en las poderosas aguas y en las estrellas. Tú también eres la luna, el sol, la tierra fértil, las aguas, las estrellas, los cuatro vientos y la lluvia vivificante, y, como ellos y como yo, eres eterno.

Fase 3: Los dones de la diosa

Esta sección se centra en los dones que aporta la Diosa.

Vengo a vosotros en amor como una madre dulce. Puedo ser feroz en defensa de vosotros, mis jóvenes, pero exigiendo siempre el mayor bien y la más pura de las palabras, pensamientos y obras de vosotros, mis preciosos hijos. Así como doy la vida, en la muerte todos vuelven a mí para ser transformados, renovados y renacer de nuevo.

Estuve contigo al principio y estaré contigo al final, cogiéndote de la mano mientras avanzas hacia una luz renovada.

Fase 4: Las respuestas y los retos de la búsqueda de una conexión con la diosa

En esta sección se habla de continuar la conexión con la Diosa a través del despertar y desarrollar tu propia chispa, núcleo o divinidad.

Si siempre trabajas mágicamente con honor, amor y humildad, y por el bien más elevado, llevarás dentro de ti mi poder y bendiciones para sanar a otros. Así que construye lo que es de valor duradero y difunde la luz y bondad por toda la tierra. Porque lo que das voluntariamente a los necesitados, yo te lo devolveré tres veces más, por todos los tiempos, para siempre.

Somos del círculo y somos el círculo. Que el círculo, creado en mi nombre, viva para siempre en vuestros corazones y en vuestras vidas, sin principio ni fin, como mi amor.

Bendito sea.

PODER DE LA DIOSA LUNA

Aunque en los rituales más formales el rito de Atraer la Luna se basa en la Carga de la Diosa, esta versión simplificada puede utilizarse de manera eficaz en solitario, con amigos o en tu coven, durante la luna llena.

Se podría empezar creando un círculo y que una persona enuncie la carga mientras los demás se balancean suavemente y absorben las palabras y la sabiduría manifestadas por la Suma Sacerdotisa o el líder del ritual. Una vez completada la carga, puede seguirse con palabras inspiradas por todos.

Necesitarás agua en un caldero o en un cuenco grande de cristal transparente, y campanillas de plata en un pequeño aro o cordel, para cada persona.

Coloca el cuenco o caldero frente a ti mientras encaras la luna, o en el centro de un grupo de personas o de un coven.

Sostén las campanillas con tu mano receptiva.

Colócate a la luz de la luna, mirando hacia arriba. Para dibujar la luna por primera vez, inténtalo cuando la luna brille con fuerza. Cuando tengas más experiencia, podrás visualizar los brillantes rayos de la luna, aunque esté muy nublado. También puedes utilizar velas plateadas alrededor del cuenco.

Si hay más de una persona presente, colocaos en círculo, con espacio suficiente entre vosotros para girar por separado.

Alza los brazos arriba y abiertos, con las palmas de las manos hacia arriba y ligeramente curvadas (algunas personas mantienen las manos abiertas del todo).

Llama a la Madre Luna con un canto, como, por ejemplo: *Atrae a la Luna, atrae el poder, Madre Gran Madre, a esta hora. Haz descender la Luna, haz descender el poder, Selene (Sell-ee-nee) , Diana, Isis, Hécate, (Hecarte o Hec-at-e), Cerridwen, Madres de la Luna. Venid a mí. Llenadme de luz y vida, Madres de la Luna.*

Baila alrededor del agua, cantando y girando en círculos, en el sentido de la luna, *widdershins*, o en sentido contrario, agitando rítmicamente las campanas.

Cuando estés girando rápidamente, detente y gira en pequeños círculos lunares, sin dejar de cantar. Esto funciona tanto si estás solo como acompañado.

Haz círculos con los brazos mientras te mueves, y hazlo por delante, por encima y alrededor de tu cuerpo, cantando más y más rápido hasta que te aturdas.

Con una llamada final de *Ven dentro de mí*. *Estad conmigo, Madres de la Luna*, déjate caer, mira hacia arriba, y la luna física acudirá hacia ti. Esto es un fenómeno puramente psicológico, pero es también el método psíquico más eficaz que conozco para provocar la experiencia a todos los niveles.

Si estás solo, puedes hablar o cantar espontáneamente en voz alta, o escuchar palabras canalizadas desde la Madre Luna.

En un coven formal, la Suma Sacerdotisa puede canalizar inicialmente la energía de la Diosa Luna.

Utiliza el torrente de poder absorbido para dirigir un deseo o enviar una curación, apuntando con ambas manos y los dedos extendidos en la dirección de la que vendrá la realización o hacia la dirección en la que se enviará la curación.

Cuando estés preparado, mira el cuenco de agua en el que brilla la luna y las imágenes entrarán en tu mente. Si la noche está nublada, enciende pequeñas velas plateadas alrededor del cuenco.

Si trabajas con otros, cada uno de vosotros debe acercarse al agua, formando un círculo completo, arrodillado o sentado. Puedes pasar el cuenco alrededor del grupo y cada persona puede decir unas palabras o describir imágenes mientras la Madre Luna te habla.

A menos que haga mal tiempo mantente a la luz de la luna, cantando, soñando o trabajando con las cartas del tarot. También, puedes crear un canto lunar inspirado en tu *Libro de las Sombras*.

Deja el agua en el exterior durante la noche, a la luz de la Luna, agua que luego se puede utilizar para la curación y la unción, y en otros rituales como el elemento Agua, o para hacer una bendición para el mes que comienza.

En el próximo capítulo, exploraremos el papel del Dios en la Wicca y su cargo, y basaremos un ritual en torno a la unión sagrada del poder del Dios y la Diosa.

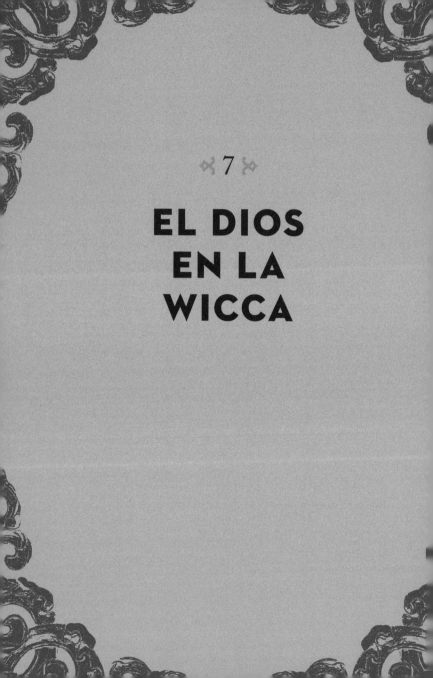

7

EL DIOS EN LA WICCA

E N MUCHAS TRADICIONES WICCANAS, LA DIOSA SI-
GUE SIENDO SUPREMA y más poderosa que el dios, que procede de ella.

Sin embargo, aunque la Diosa conserva el papel más importante como primera y última Creadora, también ofrece aspectos más específicos de ánima o yin que constituyen el alter ego y el contrapeso de las energías del dios.

En la brujería, existe una gran variedad de asimilación de deidades de muchas épocas y culturas, de forma que podamos conectar con diferentes dioses y diosas. Esto es así para que podamos conectar con aquellos que sean idóneos para nosotros, en los planos ritual y personal. Por supuesto, no necesitas ceñirte a una única cultura en cuanto a la pareja Diosa/Dios.

A medida que aprendas más sobre los dioses y diosas, a partir de tus propias investigaciones y rituales, anota sus cualidades especiales en tu *Libro de las Sombras*. De esta forma, puedes mezclar y combinar las cualidades de las deidades en tus emparejamientos, recordando que todos los dioses son un dios y todas las diosas presentan diferentes características del mismo poder de Diosa.

CREAR Y UTILIZAR LA CARGA DEL DIOS

Encontrarás cargas del dios en la literatura wiccana, pero puedes crear la tuya propio exactamente de la misma manera que hiciste con la diosa.

Si trabajas solo, intenta crear tu carga sentado a la luz del sol. La carga está vinculada al acto hacer descender el poder del dios Sol a mediados del verano, al amanecer, al mediodía o durante rituales en los que quieras atraer el poder del dios, para obtener fuerza o coraje. Puedes recitar la carga del dios en tu altar o al aire libre, bajo la luz del sol para absorber y hacer surgir tu energía divina interior.

Cuando estés en grupo, pasáos una varita o un *athame* de persona a persona, explicando qué significa para vosotros el poder del dios.

Si está solo, observa en el interior de una esfera de cristal claro y verás muchas imágenes de poder y gloria que pueden inspirarte a seguir tus sueños.

Una vez que se haya creado, diferentes personas pueden crear y recitar diferentes partes de la carga completa, durante las ceremonias. O una persona, como por ejemplo un Sumo Sacerdote designado, puede hablar mientras los demás visualizan al dios y atraen su poder hacia ellos.

UN RITUAL PARA SANAR A TRAVÉS DEL MATRIMONIO SAGRADO SIMBÓLICO

Atraer a la Luna es algo que puede añadirse a este ritual, o a cualquier otro. Puedes realizarlo solo o en grupo.

Prepara el altar, crea un círculo de la forma habitual y abre las Atalayas.

Enciende la vela de la diosa y la vela del dios con la llama de la vela de la diosa, diciendo: *A medida que uno se convierte en dos, que aumenten las bendiciones y crezca la luz.*

Pasa una varilla de incienso de incienso o sándalo primero por la llama de la vela de la diosa y luego por la llama de la vela del dios, diciendo: *A medida que uno se convierte en dos, que aumenten las bendiciones y crezca el poder.*

Coge tu *athame* o varita y levántala hacia el cielo, el sol o la luna en un ángulo de 60 grados.

Tú, o todos los presentes, levantad el *athame* y decid: *Por semilla y raíz, por tallo y capullo, por hoja y flor y fruto, os llamo dios y diosa [nombrad las deidades elegidas].*

A continuación, si trabajas solo, toca el centro de tu frente con la hoja o varita, dirigiéndola luego hacia tus pies y diciendo *Benditos sean los pies que caminan por tus senderos de luz.*

Dirígela luego hacia tus rodillas y di: *Benditas sean las rodillas que se arrodillan sobre la plateada tierra en alabanza.*

Dirige el *athame* hacia tu vientre, o, en el caso de un brujo varón, hacia los genitales, y di: *Bendito sea el vientre/la fuente de procreación que siempre renueva y genera nueva vida.*

A continuación, dirige el athame hacia el corazón, diciendo: *Bendito sea el corazón del amor, la belleza y la fuerza.*

Por último, toca suavemente tus labios con la hoja o la varita, diciendo: *Benditos sean los labios que pronuncian palabras de misterio y de verdad divina.*

Sin embargo, si estáis en grupo, debéis formar un círculo alrededor de la diosa designada y dirigid vuestras hojas hacia ella mientras pronunciáis todas las frases. La diosa designada permanecerá en silencio, de pie, con su *athame* o varita apuntando directamente hacia arriba, hacia el sol, la luna o el cielo, mientras el dios designado toca suavemente su cuerpo con la varita o la hoja.

Si trabajas solo, ponte de pie y alza de nuevo el athame hacia el sol, la luna o el cielo y di: *Por la semilla y la raíz, por el tallo y el capullo, por la hoja y la flor y el fruto, por la Vida y el Amor, te llamo Diosa y Diosa bondadosa. Lléname con tus bendiciones y tu sabiduría.*

Si estáis en grupo, dirigid de nuevo vuestras hojas o varitas hacia las figuras del centro y entonad juntos el canto, adaptando las palabras. De nuevo, la figura de la diosa permanecerá en silencio con su *athame* o varita levantada hacia la luna, el sol o el cielo.

Si estás solo, baja ahora la hoja y colócate con el cuerpo, las piernas y los brazos separados, con estos últimos levantados.

Si estáis en grupo, la diosa designada pronuncia en estos momentos la carga de la diosa, a la luz de la luna, o el Sumo Sacerdote designado pronuncia la carga del dios, si se trabaja de día o al amanecer, mientras los demás se balancean suavemente. Si estás solo, pronuncia la carga correspondiente.

El grupo apuntará con sus *athames* o varitas hacia la diosa y el dios mientras hablan.

La luna no ha de ser atraída hacia debajo de otra forma que por ti o el grupo girando, cada cual apuntando con las varitas o los *athames* hacia la luna, y permitiendo que el poder de la luna entre en cada persona, mientras escucháis la carga de la diosa o recitándola si te encuentras solo.

Ahora, el dios designado toma la hoja o varita del altar, donde la dejó la diosa designada. Sostiene el cáliz y di: *¿A quién sirve la hoja?* Levanta la hoja por encima del cáliz y di: *Tú, mi Diosa, para siempre y para todos los que necesitan su poder y protección.*

Ella levanta el cáliz para que la punta de la hoja casi toque el líquido que hay en su interior y él pregunta: *¿A quién cura la copa del Grial?*

Ella *te* responde: *Dios mío, por siempre y a todos los que buscan su amor y su fecundidad.*

Después, levanta el cáliz sobre la vela de la Diosa y dice: *Desde el vientre de la Madre.*

La Diosa pasa la hoja a través del humo del incienso y dice: *Y la semilla del Padre.*

Hunde el cuchillo en el cáliz o copa y dice: *Culmina la unidad de la creación. Que el Dios y la Diosa estén siempre unidos y que el propósito de este rito sea concedido en la unidad del amor y la curación.*

Ejecuta las dos partes, si estás solo.

Acto seguido, se pasa el cáliz luego de que la diosa designada lo haya ofrecido al dios designado, y el dios a la diosa, y se vierte un poco en el suelo.

Después de hecho esto, todos pueden hablar y pedir o dar bendiciones.

Cuando todo se haya llevado a cabo, cierra tus Atalayas, desactiva tu círculo y apaga las velas.

En el próximo capítulo estudiaremos la importantísima Rueda del Año, los ocho puntos de cambio estacional que son fundamentales en los rituales wiccanos.

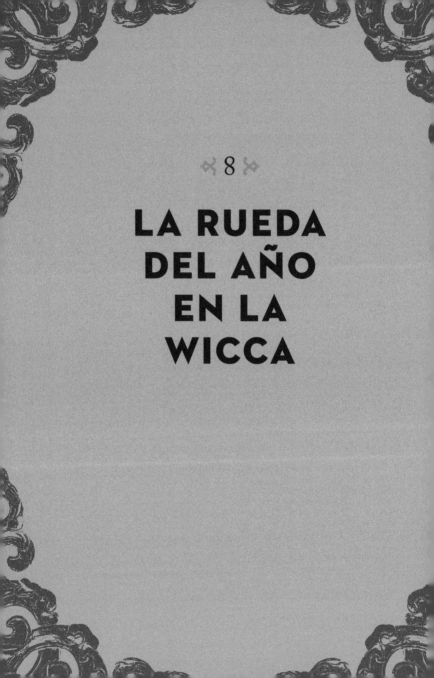

8

LA RUEDA DEL AÑO EN LA WICCA

L A RUEDA DEL AÑO TIENE OCHO DIVISIONES QUE SON FUNDAMENTALES para la Wicca, dividiendo el año aproximadamente en seis periodos de una semana.

LA IMPORTANCIA DEL AÑO ÓCTUPLE

Algunas brujas del hemisferio sur lo cambian todo de semestre; por ejemplo, celebran el solsticio de verano en o alrededor del 21 de diciembre.

LA ESTRUCTURA DE LA RUEDA

Las cuatro fiestas Solares, los Días de Cuadrante, los Sabbats Menores, los Equinoccios y los Solsticios, que se sitúan en el punto medio de las cuatro estaciones, varían cada año uno o dos días, debido a la inclinación de la Tierra.

Desde el punto de vista mágico, se celebran como los otros cuatro puntos de la Rueda: desde la puesta de sol de la víspera, el comienzo del día celta, hasta la puesta de sol del día siguiente al día del festival, lo que supone un periodo de cuarenta y ocho horas para cada uno.

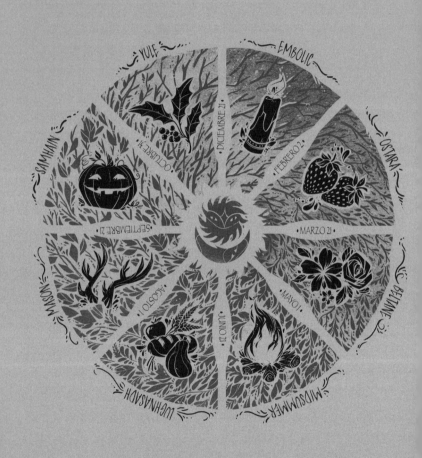

Los Días de Medios Cuadrantes, que caen a mitad de camino entre cada uno de estos festivales solares, son cuatro festivales del Fuego que constituyen ritos importantes en el calendario wiccano. Crea tus propias celebraciones rituales, ya sea solo, en un coven o con familiares y amigos.

Los cuatro Sabbats Mayores se calculan a veces como el día en que el sol entra en quince grados en Escorpio para Samhain (finales de octubre o principios de noviembre), quince grados en Acuario para Oimelc (finales de enero o principios de febrero), quince grados en Tauro para Beltane (finales de abril o principios de mayo), y quince grados en Leo para Lughnasadh (finales de julio o principios de agosto).

Para cada festival, escribe en tu *Libro de las Sombras* la historia en curso de tu rueda personal y tus planes para cuando la Rueda vuelva a alcanzar esos puntos dentro de doce meses.

LOS FESTIVALES

Celebra tus propias celebraciones pequeñas o grandes, em solitario o con otros, utilizando los colores de vela apropiados. Si el grupo es grande, utiliza un gran cuenco o caldero central para las ofrendas.

Imbolc (Imbolg) u Oimelc

Fechas: 31 de enero-2 de febrero

Clase de día: Medio Cuadrante

Enfoque: Nuevas ideas, planificación del futuro, nuevo amor y confianza, primeros pasos a la hora de poner en marcha nuevos proyectos, atenuación de conflictos, recién nacidos, bebés y animales jóvenes.

Dirección: Noreste

Lugar en la rueda: *Oimelc* recibe su nombre de la primera leche de oveja disponible tras el invierno. Imbolc significa «fuego en el vientre» y es el despertar de la pasión en la Diosa Doncella.

Alban Eiler, Ostara o el Equinoccio de Primavera

Fechas: 20-22 de marzo

Clase de día: Cuadrante

Enfoque: Fertilidad y cambios positivos en la vida, nuevos comienzos y oportunidades, florecimiento del amor, aventuras, viajes, mudanzas, limpieza de lo que ya no es necesario en tu vida, concepción, embarazo, niños y jóvenes.

Dirección: Este

Lugar en la Rueda: *Alban Eiler* significa en gaélico «la Luz de la Tierra que regresa tras el invierno, desde el Otro Mundo». Ostara es la diosa nórdica de la primavera.

Beltane o Beltaine

Fechas: 30 de abril-2 de mayo

Clase de día: Medio Cuadrante; el segundo más importante del año y el comienzo del verano celta.

Enfoque: Para personas de entre 20 y 30 años, fertilidad, aumento del compromiso en el amor, consumación del amor, creatividad, mejora de la salud y abundancia.

Dirección: Sureste

Lugar en la rueda: Recibe su nombre del dios galo del fuego y del sol Bel, Belenus, Belinus o Belenos, o de la primitiva diosa gálica del fuego y del sol, Belissima.

Alban Heruin, Litha, mediados de verano o solsticio de verano

Fechas: 20-22 de junio

Clase de día: Cuadrante Mayor.

Enfoque: Poder, alegría y coraje, potencia masculina, éxito, matrimonio, personas que se acercan a la mediana edad, felicidad, riqueza y oportunidades en la carrera profesional.

Dirección: Sur

Lugar en la rueda: *Litha* significa luz, y Alban Heruin es la luz de la orilla cuando el sol inunda la tierra, madurando las cosechas (el día más largo del año). La primera luz de la mañana del solsticio actúa como un rayo de oro que atraviesa las piedras erguidas y los círculos de piedra, enlazando las dimensiones.

Lughnasadh/Lammas

Fechas: 31 de julio-2 de agosto

Clase de día: Medio Cuadrante.

Enfoque: Personas de entre 40 y 50 años, justicia, derechos humanos, asociaciones, relaciones personales y comerciales, contratos o asuntos de propiedad, dispuestos a sacrificarse por un bien mayor.

Dirección: Suroeste

Lugar en la rueda: Llamado así por el dios irlandés del sol, Lugh, renueva el Matrimonio Sagrado con Eriu/Nass, la diosa irlandesa de la Tierra, transfiriéndole la luz que le resta, para que sigan creciendo las cosechas.

Alban Elued, Mabon, equinoccio de otoño

Fechas: 21-23 de septiembre

Clase de día: Cuadrante.

Enfoque: La finalización de las tareas, la consecución de los objetivos a largo plazo, la resolución de las disputas, el cobro del dinero adeudado, la seguridad financiera y material, todos los asuntos relacionados con la jubilación y las personas mayores, y los problemas crónicos de salud.

Dirección: Oeste

Lugar en la rueda: En gaélico, *Alban Elued* significa luz sobre el agua. El sol se aleja sobre el agua para brillar en las Islas de los Bienaventurados. En las celebraciones tradicionales, una sacerdotisa distribuye trigo, frutas y verduras.

Samhain

Fechas: 31 de octubre - 2 de noviembre

Clase de día: Medio Cuadrante Mayor; el más importante del año y el comienzo del invierno y del Año Nuevo celta.

Enfoque: Para personas de setenta y ochenta años, antepasados familiares, mirar al pasado y al futuro, protección psíquica y física, superación de los miedos al envejecimiento y la mortalidad, y también lo tocante a jubilados

Dirección: Noroeste

Lugar en la rueda: Samhain es otra fiesta del fuego y significa el final del verano, el momento en que se bajan los rebaños de las colinas y los miembros de la familia, incluidos los antepasados, regresan al hogar para pasar el invierno.

Alban Arthuran, Yule o Solsticio de mediados de invierno

Fechas: 20 de diciembre-22 de febrero

Tipo de Día: Cuadrante Mayor.

Enfoque: El renacimiento de la luz y la esperanza, la felicidad y la seguridad domésticas, la unión familiar, el hogar y la propiedad, la aceptación de lo que no se puede cambiar, tocante a las personas muy mayores, los cuidadores y la bienvenida al hogar de los ausentes

Dirección: Norte

Lugar en la rueda: *Alban Arthuran* significa en gaélico «la luz de Arturo» y se refiere al renacimiento de Arturo, el Rey Sol del mito, como el Niño Divino. En esta época, la gente celebraba fiestas como gesto mágico para atraer la abundancia.

En el próximo capítulo describiré la mejor manera de trabajar como practicante solitario, crear un coven o unirse a uno ya existente.

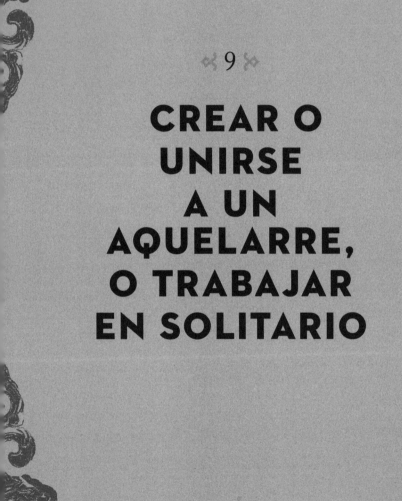

9

CREAR O UNIRSE A UN AQUELARRE, O TRABAJAR EN SOLITARIO

TRABAJAR MÁGICAMENTE CON LOS DEMÁS

Coven es el nombre que damos a una reunión regular de practicantes wiccanos, formalmente organizados bajo la dirección de una Suma Sacerdotisa, que puede haber sido formada en una tradición wiccana concreta.

Dentro de un coven formal, la iniciación después de un año y un día, o un periodo mágico similar reconocido, otorgará la entrada formal en el coven. Al cabo de uno o dos años más, se puede ascender a un segundo o tercer grado de Wicca, para que los eventuales iniciados puedan fundar sus propios covens si lo desean.

Normalmente, habrá una Suma Sacerdotisa iniciada, y a veces también una doncella que asiste a la Suma Sacerdotisa, así como una anciana, que es una mujer sabia con experiencia en brujería. Los trece miembros tradicionales están vinculados a las trece lunas anuales, y trece es también el número de la diosa.

Sin embargo, muchas personas organizan un grupo mágico que sigue los principios wiccanos, pero es mucho menos formal y en el que los miembros adoptarán distintos papeles según sus propios talentos e intereses. También están surgiendo los covens *online*, y son una forma excelente para que los practicantes solitarios obtengan apoyo e información.

BRUJERÍA EN SOLITARIO

Muchas brujas, tal como es mi propio caso, optan por practicar solas, recurriendo a familiares y amigos íntimos en festivales estacionales. La mayoría se inician solas. Aunque los wiccanos solitarios utilizan la magia ceremonial, muchos siguen una magia popular menos formal. Por esta razón, a algunos se les llama brujos de seto, en referencia a los tiempos en que un seto, especialmente una espina, se ataba a la casa de la bruja para espantar a los curiosos. Este título también hace referencia a la capacidad de la bruja para caminar mediante proyección astral sobre el cerco que existe entre los mundos.

CÓMO ENCONTRAR UN COVEN

Los covens formales escasean, pero, con persistencia, encontrarás el adecuado. Muchos covens modernos no practican el celibato ni el nudismo, ya que esto puede hacer que algunas personas se sientan muy cohibidas. Esto también implicaría la necesidad de pautas muy fuertes para evitar que la ceremonia se extienda a las relaciones cotidianas. A semejanza del sexo ritual entre el dios y la diosa, los covens modernos siguen un rito simbólico de cáliz/espada con sexo sagrado, si lo hay, llevado a cabo en privado por una pareja predeterminada que abandona el círculo una vez desactivado este, para evitar cualquier complicación.

Por supuesto, hay que tener cuidado, porque la naturaleza oculta de la brujería hace que sea más difícil librarse de los charlatanes y los bichos raros.

Para encontrar el coven adecuado, prueba a entrar a través de organizaciones paganas y tiendas New Age de renombre. Puedes asistir a talleres y celebraciones debidamente organizados por organizaciones wiccanas reconocidas. También puedes hablar con gente en eventos, visitar festivales de sanación, comprar revistas paganas de solera y buena reputación, y tomártelo con calma hasta que consideres que todo está en orden. Ningún coven reputado hará publicidad buscando miembros, ni te pedirá que te reúnas en lugares que consideres inseguros o te pedirá que hagas nada que te resulte incómodo.

Tampoco un coven de renombre tendrá prisa por inscribirte. De hecho, todo lo contrario. Evita las ofertas que impliquen firmar con sangre, ser iniciado teniendo sexo con el Sumo Sacerdote o la Suma Sacerdotisa, o prometiendo arrojarte sobre una espada si abandonas el aquelarre o traicionas secretos.

Tampoco debes pagar grandes sumas de dinero por adelantado para recibir formación. Tendrás que pagar los gastos y ser miembro de una organización pagana/de diosa establecida, pero tales organizaciones suelen pedir muy poco.

Los verdaderos wiccanos nunca tratarían de imponer sus creencias a los demás y mostrarse increíblemente recelosos con la gente que no conocen.

CREA TU PROPIO AQUELARRE INFORMAL

Pese a todo, se puede coven un aquelarre menos formal con amigos, sin adscribirse a ninguna tradición formal de Wicca. Algunos de los covens wiccanos más espirituales son los que no cuentan con una Suma Sacerdotisa o un Sumo Sacerdote, sino que los miembros se turnan para organizar las reuniones y los rituales.

Un miembro sabio puede ocuparse de los recién llegados, explicarles los rituales básicos, sugerirles material de lectura y guiarles a través del trabajo en casa con la meditación y la visualización. Algunos miembros pueden emprender la investigación de aspectos del Arte que les interesen o recopilar información sobre deidades, lo que puede ayudarles a dirigir sesiones informales.

Cuando crees tu grupo, organiza una reunión preliminar para planificar los temas, así como decidir el lugar de reunión y el equipo que necesitará.

Utiliza un buen almanaque y un diario lunar adecuado a tu región.

Podéis reuniros tanto en luna creciente como en luna llena para celebrar una ceremonia de encendido de velas, en la que podréis pedir deseos y bendiciones quemando velas del color de vuestro zodiaco (descrito en el capítulo 10, a partir de la página 108), así como en las principales fiestas estacionales o para un trabajo especial de sanación.

Dispón de un fondo común para velas, cristales, incienso y cualquier otra cosa que necesites. Asegúrate de designar a una persona para que controle los suministros.

Designa a una o dos personas para que organicen festivales específicos y actúen como Sumo Sacerdote/Sacerdotisa para tal ocasión. El miembro más remiso puede resultar el más dinámico a la hora de entonar cánticos y elevar las energías.

TESOROS DE AQUELARRE

Debes contar una caja o cofre de herramientas básicas de contar, tales como un cáliz central y un *athame* para poner en el altar donde celebráis vuestras reuniones (cada persona también querrá disponer de su propio *athame* y varita).

En las casas de los miembros se pueden recopilar objetos tales como una campana de plata, un cáliz de cristal o una copa grande. Las bufandas o mantas son excelentes paños de altar. Puedes hacer pentáculos de arcilla o cera de abeja en una sesión de manualidades en grupo, así como varitas a partir de lo recogido en una excursión al bosque.

Tened dos volúmenes del *Libro de las Sombras*, uno como registro permanente, tradicionalmente copiado a mano por el escriba del grupo, y otro como almanaque de trabajo continuo, al que todos contribuyen. Anotad también en el almanaque las fases lunares del mes y calculad las horas del día en que determinados planetas y ángeles ejercen su influencia.

Si guardáis esta información en un ordenador, en una cuenta de acceso común, puedes imprimir copias para los demás miembros.

En el capítulo final sugeriré colores mágicos, hierbas, significados de los cristales y los tiempos mágicos que puedes utilizar para tejer tus propios rituales y hechizos.

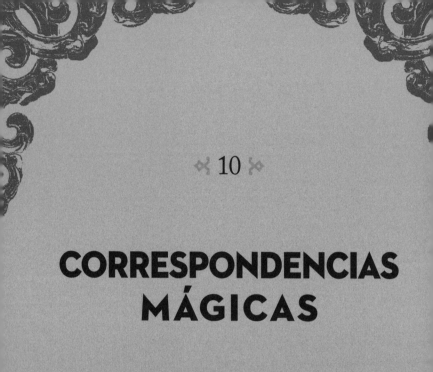

10

CORRESPONDENCIAS MÁGICAS

ESTE CAPÍTULO OFRECE UNA BASE DE RECURSOS PARA CREAR tus propios hechizos y rituales que se encuentran en el mismo corazón de la Wicca.

Puesto que cada color, fragancia, hora del día, fase lunar e incluso día de la semana tiene su propio significado mágico, puedes crear con precisión las energías que necesitas en tu magia, mezclando y combinando los materiales, así como las cantidades.

Las siguientes son asociaciones que me han funcionado bien durante más de cuarenta años y se basan en principios mágicos aceptados. Sin embargo, puedes encontrar alternativas igualmente válidas. Busca qué es lo que mejor te funciona y, a través de tu *Libro de las Sombras*, crea la forma de Wicca que más te convenga.

DIFERENTES TIPOS DE MAGIA

Magia de atracción o simpática

Añade diariamente una moneda a una maceta para favorecer la acumulación constante de recursos materiales, o guarda un muñequito en una cuna, junto a tu cama, para que te ayude a concebir. Los movimientos *deosiles* (en el sentido de las agujas del reloj) significan atraer energías.

Magia desterradora

La magia de destierro elimina o devuelve cualquier negatividad, ataque psíquico o amenaza física contra ti, tu hogar o tus seres queridos, y aleja los malos hábitos y los miedos. Enciende una vela, haz un nudo con un hilo fuerte y mantén el nudo sobre la llama de la vela. Cuando se rompa, di: *corto el lazo que me ata,* apaga la vela y entierra el hilo.

La magia de destierro suele implicar movimientos en sentido contrario a las agujas del reloj.

Magia vinculante

Puedes impedir que una persona te haga daño a ti o a tus seres queridos mediante una imagen de arcilla sin rasgos del agresor; para ello, ata la figura con hilo anudado o una cinta, y declara qué comportamiento se va a atar. A continuación, envuelve la figura en un paño suave y guárdala en un cajón cerrado hasta que el problema se resuelva o la figura se desmorone. Otra posibilidad estriba en escribir el nombre del agresor con tinta roja en un trozo de papel; en tal caso, ponle una cruz y guárdalo durante tres meses en la parte más fría del congelador.

Magia con velas

Graba una vela apagada con tu símbolo astrológico, palabras, nombres o deseos, utilizando un cúter. También puedes dibujar símbolos invisibles en la cera con el dedo índice de la mano dominante. Luego, enciende la vela, liberando el poder del mensaje o signo zodiacal a medida que la cera se derrite y destierra lo que deseas eliminar de tu vida, dejando que la vela arda y luego apagándola, diciendo: *Que [lo que deseas eliminar] desaparezca con la atenuación de esta luz.*

Símbolos astrológicos y magia con velas

Graba en una vela el glifo del periodo zodiacal actual o de cualquier periodo zodiacal de cualquier época del año cuyas energías necesites. Por ejemplo, graba el glifo de Leo en una vela dorada para conseguir el liderazgo o la fama. El poder es mayor durante el periodo de tu signo natal.

Aries

EL CARNERO | **21** MARZO-**20** ABRIL | ROJO

Relacionado con todas las cuestiones tocantes a uno mismo y la identidad, la innovación, la asertividad, el valor, y la acción.

Tauro

EL TORO | **21** ABRIL-**21** MAYO | ROSA O VERDE

Para la belleza, la armonía, todos los asuntos materiales y la seguridad, para la paciencia y la persistencia.

Géminis

LOS GEMELOS CELESTES | **22** MAYO-**21** JUNIO | AMARILLO O GRIS PÁLIDO

Para la comunicación, el aprendizaje, las elecciones, la versatilidad, los viajes de corta distancia y la especulación.

Cáncer

EL CANGREJO | 22 JUNIO-22 JULIO | PLATA

Para el hogar y la familia, la fertilidad, la maternidad, la protección, el amor sosegado, la amistad y los deseos.

Leo

EL LEÓN | 23 DE JULIO-23 DE AGOSTO | ORO

Para la fama y la fortuna, el liderazgo, los placeres sensuales, las artes y las relaciones amorosas.

Virgo

LA DONCELLA | 24 AGOSTO-22 SEPTIEMBRE | VERDE

Para la eficacia, poner orden en el caos, superación personal, atención al detalle, la salud y la curación.

Libra

LA BALANZA | 23 SEPTIEMBRE-23 OCTUBRE | AZUL

Para la justicia y la ley, el equilibrio en cuanto a opciones y prioridades, la armonía y la reconciliación, y el carisma.

Escorpio

EL ESCORPIÓN | 24 DE OCTUBRE-22 DE NOVIEMBRE | ÍNDIGO O BURDEOS

Para aumentar visión psíquica, la pasión y el sexo, guardar secretos, la ambición ardiente y reclamar lo que es de uno por derecho propio, en cualquier ámbito de la vida.

Sagitario

EL ARQUERO | 23 DE NOVIEMBRE-21 DE DICIEMBRE | NARANJA O TURQUESA

Para el optimismo, las nuevas perspectivas, los viajes a larga distancia y las mudanzas, las empresas creativas y la expansión de horizontes.

Capricornio

LA CABRA | 22 DE DICIEMBRE-20 DE ENERO | MARRÓN O NEGRO

Para la prudencia, la consecución de ambiciones mediante la perseverancia, la autoridad, la lealtad, la adquisición, y la conservación de dinero y bienes.

Acuario

EL AGUADOR | 21 ENERO-18 FEBRERO | MORADO O AZUL OSCURO

Para la independencia, la amistad, el ingenio, las perspectivas originales, la resistencia a las presiones emocionales y el altruismo.

Piscis

EL PEZ | FEBRERO 19-MARZO 20 | BLANQUECINO O MALVA

Para una mayor conciencia espiritual e intuición, imaginación, dones espirituales y realización de sueños ocultos.

MAGIA DE NUDOS

Se puede utilizar una serie de tres, siete o nueve nudos atados para atraer la magia, de forma cada nudo se potencia con palabras enunciadas mientras se realizan las ataduras.

Los nudos actúan como una célula de almacenamiento de energías que pueden liberarse desatando un nudo cada día. Para el amor, utiliza un cordón de nudos rojos, para unir dos imágenes cara a cara.

MAGIA METEOROLÓGICA

Utiliza la lluvia para lavar las palabras de pérdida o dolor escritas con tiza, al aire libre. Usa el viento para soplar mensajes de deseos escritos en papel y atados a un árbol en una colina, u hojas moribundas en una rama muerta, cada uno con el nombre de una pena.

COLORES

Los colores pueden utilizarse mágicamente con velas, flores y cristales.

Incluso puedes utilizar monederos de colores que contengan hierbas y cristales.

Blanco para usos múltiples, rituales de atracción y magia en el lugar de trabajo.

Rojo para la pasión, la fuerza, el cambio, la acción y la superación de obstáculos.

Naranja para la felicidad, la creatividad, la independencia y la fertilidad.

Amarillo para eludir espías, viajes de corta duración y mudanzas, aprender cosas nuevas, especulación, préstamos, créditos y negocios.

Verde para el compromiso en el amor, las almas gemelas, la buena suerte, el medio ambiente, la belleza y la armonía.

Azul para el liderazgo, la justicia, la carrera profesional, el matrimonio, la riqueza, los viajes largos o de larga distancia, las mudanzas, las entrevistas y los exámenes.

Púrpura para el desarrollo espiritual, la curación, la protección psíquica, las aventuras imaginativas, la lucha contra las adicciones y la superación de miedos y fobias.

Rosa para la reconciliación, los niños, la curación de los daños causados por los malos tratos, el hogar y la familia.

Marrón para la propiedad y el bricolaje, los organismos oficiales, los bancos y las finanzas, los animales, la acumulación de recursos, la estabilidad y para las personas mayores.

Plata para la intuición y el potencial oculto; la fertilidad; la magia del mar, la luna y las estrellas; y también la prosperidad de crecimiento lento.

Oro para la fama y la fortuna, apuntar alto, deseos que se hacen realidad, grandes ambiciones, magia solar y buena fortuna.

Negro para los finales, la protección contra el mal, el destierro y la atadura.

HERRAMIENTAS Y MATERIALES MÁGICOS

Cristales

Empieza a reunir una colección personal de cristales para la magia y la sanación. Los cristales, cuando se portan como joyas o se llevan en una bolsa pequeña, pueden utilizarse como amuletos de protección o como talismanes de la suerte para atraer un resultado concreto.

La amazonita verde protege contra los ventajistas, atrae los negocios, llama al dinero, trae buena suerte en el juego o la especulación (al igual que la aventurina verde) y protege a las mujeres del acoso.

La amatista púrpura es conocida como la Sanalotodo. Elimina las energías terrestres negativas de un hogar, aporta equilibrio a personas y situaciones, y se utiliza para aumentar el poder de las mujeres mayores y las ceremonias de la Mujer Sabia, y contra las adicciones.

La cornalina naranja protege contra el fuego, los accidentes, las tormentas, la malevolencia de todo tipo y la intrusión psíquica, y es útil para el amor maduro, el sexo y la fertilidad.

El citrino amarillo protege contra las personas negativas, los malos ambientes y los fantasmas hostiles, y atrae la prosperidad, especialmente en los negocios. También es bueno para los emprendimientos, así como para aprender cosas nuevas, viajar y curarse.

El cristal de cuarzo transparente transforma la negatividad en rayos de luz y positividad, convoca a los ángeles y espíritus guías, y es útil para cualquier propósito de atracción o energización, y para la magia solar. Se puede utilizar como sustituto de cualquier otro cristal.

El azabache estabiliza las finanzas, sirve para eliminar deudas, es útil para asuntos de propiedad, protección, para personas mayores, superación del duelo e invisibilidad psíquica en caso de peligro.

El cuarzo rosa apacigua el sueño, cura del abuso de cualquier tipo, y es útil para los romances, el amor joven o nuevo, la fertilidad, la reconstrucción de la confianza y las almas gemelas (como con el jade verde).

La sodalita supera los miedos a volar, a la justicia, a los traslados, a las pruebas, a los exámenes y a las entrevistas. Puede utilizarse durante rituales ejecutados por mujeres mayores o mujeres sabias.

HIERBAS, INCIENSOS Y ACEITES MÁGICOS

Utiliza las hierbas en una bolsita, o mientras cocinas, y agita la mezcla o infusiones para potenciar el hechizo con el fin de proteger el hogar, así como cualquier posesión, tu lugar de trabajo y la propiedad. Utiliza incienso en varillas, conos o en polvo y quémalo en bloques de carbón calentado y utiliza una varilla de incienso encendida como un bolígrafo de humo para escribir poderes o símbolos.

Pimienta de Jamaica para el dinero, la pasión, los movimientos rápidos o los asuntos urgentes.

Albahaca para la fidelidad, la prosperidad, la protección y el miedo a volar.

Manzanilla (romana) y manzanilla (alemana) para curar, y para bebés, niños, animales y revertir la mala suerte. También ayuda a atraer el dinero y es útil en asuntos familiares.

Cedro/madera de cedro para la curación, limpieza de malas influencias, pensamientos negativos y armonía.

Canela para la pasión, recuperar dinero tras una pérdida, dinero que se necesita con urgencia y la conciencia psíquica.

Jaspe sangre de dragón para una protección contundente, contra las maldiciones, y para cualquier empresa importante y la potencia masculina.

Hinojo para viajes, ventas de casas y mudanzas. Ayuda a desterrar y alejar el mal de personas, animales y lugares.

Olíbano para la riqueza, el valor, la alegría, la carrera, el éxito y los viajes. También se utiliza en rituales formales.

Hissopo para establecer un compromiso amoroso; curación; espiritualidad; todas las formas de protección, especialmente de ataques psíquicos; y como infusión para limpiar artefactos.

El enebro purifica los hogares; protege contra accidentes, ladrones y enfermedades; y refuerza la potencia masculina.

Hierba de limón/limón repele el rencor, la malicia y los chismes. También ayuda con la conciencia psíquica y los viajes.

Hierbaluisa para romper una racha de mala suerte, y como protección contra la negatividad, el mal de ojo y los malos deseos.

La menta y **la hierbabuena** expulsan la negatividad de objetos y lugares, y atraen dinero, salud, amor y éxito.

Mirto para un matrimonio duradero, amor maduro, felicidad doméstica, propiedad y seguridad.

Mirra para la curación, la paz, la purificación, la superación del dolor y la protección contra el mal. Puede utilizarse en rituales formales y en magia lunar.

El pino aleja el mal del hogar y de la familia, especialmente de los recién nacidos, limpia la negatividad y la malicia, protege la propiedad y los locales.

Romero para el aprendizaje, el amor, la fidelidad, la prosperidad y para desterrar la malevolencia.

Salvia para la longevidad, la buena salud, los exámenes, las entrevistas, las pruebas, la protección del hogar y la familia, la prosperidad de crecimiento lento y la sabiduría.

Sándalo para la conciencia espiritual y la curación, el liderazgo, la justicia, la compensación y la sexualidad. Puede utilizarse en rituales formales.

Estragón, la hierba del dragón, el coraje y la lucha contra el acoso, así como el desprendimiento de viejas cargas, la culpa, los miedos y las relaciones destructivas.

El tomillo limpia psíquicamente el hogar, las posesiones, los vehículos y el terreno, la salud, la memoria de mundos pasados y ahuyenta las pesadillas y los fantasmas de la noche.

Vetiver para el amor, rompe una racha de mala suerte, protege contra el robo y la negatividad.

FLORES MÁGICAS

Utiliza flores en maceta, pétalos, frescos o secos, así como en mezclas varias, aceites esenciales o esencias florales.

El geranio cura los conflictos domésticos y los problemas en el trabajo, y es útil para un primer o nuevo amor, así como para el dinero.

Jacinto para la autoestima, la recuperación de la confianza tras una traición, la felicidad doméstica, aumentar la luminosidad y atraer cosas bellas a tu vida.

Jazmín para el amor poderoso, el sexo sagrado y el optimismo. Se utiliza para toda la magia lunar y nocturna.

Lavanda para el amor, especialmente el amor propio, la fertilidad, la felicidad, la salud, protege contra la crueldad y el rencor, reduce el estrés y la adicción, y lo cura todo.

La caléndula aumenta las energías positivas en una habitación o edificios, protege durante la noche y en asuntos domésticos, para la resolución de problemas legales y de justicia, aumento del amor y del compromiso.

La rosa es la flor amable por excelencia del amor y la reconciliación. Se utiliza para la autoestima, para curar a los jóvenes, a los ancianos y a cualquiera que haya sufrido abusos, para atraer el dinero y en la magia de la fertilidad. La de color rosa es para el nuevo amor, la roja para el compromiso, la amarillo para el amor en los últimos años, y blanca para el amor secreto.

TIEMPOS MÁGICOS

Siempre que sea posible, sincroniza tus hechizos y rituales para que fluyan con las energías predominantes.

La Luna

LA LUNA CRECIENTE

Desde el tercer o cuarto día del ciclo lunar mensual, cuando se ve la luna creciente en el cielo, hasta la noche anterior a la luna llena. Cuanto más próxima esté la luna llena, más intensas serán las energías.

Se utiliza mágicamente para atraer o aumentar cualquier cosa, desde el amor hasta la prosperidad.

LA LUNA LLENA

El día tras la luna llena representa la plena potencia, pero también la inestabilidad. Astrológicamente, la luna se encuentra en oposición (o en el lado opuesto del cielo) al sol. La noche de luna llena también se llama noche de esbat. Se utiliza con fines mágicos para necesidades urgentes, poder, cambio de suerte, fertilidad y justicia.

LA LUNA MENGUANTE

Desde el día después de la luna llena hasta que desaparece el cuarto creciente de la luna menguante.

Se utiliza mágicamente para desterrar lo que ya no se desea, como puede ser el dolor, las personas y las situaciones negativas.

LA LUNA NUEVA, TAMBIÉN LLAMADA LA OSCURIDAD DE LA LUNA

La luna nueva se presenta tres días después de la luna menguante y antes de que la luna creciente nueva aparezca en el cielo.

Se utiliza con fines mágicos para evitar daños a otras personas, para guardar secretos, para eliminar malos hábitos y para la transformación.

EL SOL

Hay cuatro tiempos principales del sol que se usan en hechizos y rituales. La magia solar es más rápida e intensa que la lunar, y se utiliza para asuntos de rápida evolución y en curso.

AMANECER

La hora del amanecer varía según el día.

Se utiliza mágicamente para nuevos comienzos, iniciar proyectos, mejorar la salud, las perspectivas profesionales y atraer la buena fortuna.

El amanecer representa el este y la estación primaveral en el hemisferio norte.

MEDIODÍA

Esta energía similar a la de la luna llena, pero más instantánea y concentrada.

Se utiliza mágicamente para un repentino estallido de poder, confianza, fuerza, pasión, una infusión rápida o urgente de dinero, y para el envío de curación a alguien ausente, en caso de afecciones graves o agudas.

El mediodía representa el sur y la estación estival en el hemisferio norte.

Crepúsculo

La hora del crepúsculo también varía de un día para otro.

Se utiliza en la magia para liberarnos de los remordimientos, la ira o la tristeza, así como para reducir el dolor, la enfermedad y las deudas.

El crepúsculo representa el oeste y la estación otoñal en el hemisferio norte.

Medianoche

Corresponde al comienzo de un nuevo día, pero sus energías duran hasta el amanecer.

Se utiliza con fines mágicos para finales que conducen a comienzos, contactar con antepasados sabios, ataduras y destierros de todo tipo, protección psíquica e inversión de maldiciones.

La medianoche representa el norte y la estación invernal en el hemisferio norte.

Los planetas y los días de la semana

Cada uno de los planetas rige un día de la semana. Utiliza sus metales, cristales, inciensos y otros elementos asociados para fortalecer un hechizo o un ritual elaborado ese día.

Además, las asociaciones con el sol se pueden utilizar no sólo el domingo, sino con toda la magia del sol, y las asociaciones del lunes se pueden utilizar en toda la magia.

Si estás convocando a un arcángel en particular, aplica las asociaciones de su planeta o día de la semana.

Días de la Semana

DOMINGO

Planeta: Sol

Arcángel: Miguel

Color(es): Dorado

Elemento Fuego

Cristales: Ámbar, cornalina, diamante, cuarzo cristalino claro, ojo de tigre o topacio dorado

Incienso: Clavo, canela o incienso

Árboles: Laurel, abedul o laurel

Hierbas y aceites: Manzanilla, enebro, romero, azafrán o hierba de san Juan

Metal: Oro

Regencia astrológica: Leo

Para la ambición, el poder y el éxito; para los padres; la mejora de la salud; la prosperidad; la confianza en uno mismo; y la superación de la mala suerte.

LUNES

Planeta: Luna

Arcángel: Gabriel

Color(es): Plata o blanco translúcido

Elemento: Agua

Cristales: Piedra de luna, nácar, perla, selenita u ópalo

Incienso: Jazmín, mirra, mimosa o limón

Árboles: Sauce o aliso

Hierbas y aceites: Loto, amapola o gaulteria

Metal: Plata

Regencia astrológica: Cáncer

Para asuntos domésticos y familiares, para mujeres (especialmente madres y abuelas), niños, animales, fertilidad, secretos y dones psíquicos.

MARTES

Planeta: Marte

Arcángel: Samael o Camael

Color(es): Rojo

Elemento Fuego

Cristales: Granate, piedra de sangre, rubí o jaspe rojo

Incienso: Sangre de dragón, todas las especias, jengibre, menta o tomillo

Árboles: Ciprés, acebo o pino

Hierbas y aceites: Albahaca, canela, cilantro, ajo, pimienta o estragón.

Metal: Hierro o acero

Regencia astrológica: Aries (corregente de Escorpio)

Para el coraje, el cambio, la independencia, la superación de obstáculos aparentemente imposibles y vencer a los acosadores, la energía, la pasión, la fuerza, la perfección, los principios y la defensa feroz de los vulnerables.

MIÉRCOLES

Planeta: Mercurio

Arcángel: Rafael

Color(es): amarillo

Elemento Aire

Cristales: Ágata amarilla, citrino, ojo de halcón, jaspe amarillo, malaquita, u ónix

Incienso: Lavanda, hierba limón o macis

Árboles: Avellano o fresno

Hierbas y aceites: Eneldo, hinojo, perejil o valeriana

Regencia astrológica: Géminis o Virgo

Para ganar dinero, hacer exámenes y pruebas, aprender cosas nuevas, llevar a cabo viajes de corta distancia, mudanzas, vacaciones cortas, repeler la envidia, la malicia, el rencor y el engaño.

JUEVES

Planeta: Júpiter

Arcángel: Saquiel

Color(es): azul o morado

Elemento Aire

Cristales: Azurita, lapislázuli, sodalita o turquesa

Incienso: Agrimonia, cedro, sándalo o salvia Árbol: Haya, roble o fresno

Hierbas y aceites: Borraja, cincoenrama, uña de caballo, hisopo o muérdago

Metal: Estaño

Regencia astrológica: Sagitario (corregente de Piscis)

Para expansión, carrera, liderazgo, viajes de larga distancia, mudanzas, la justicia, el matrimonio, el trabajo autónomo, la lealtad, la potencia masculina y la eliminación de los excesos.

VIERNES

Planeta: Venus

Arcángel: Anael

Color(es): verde o rosa

Elemento: Tierra

Cristales: Amatista (también mercurio), esmeralda, jade, ágata musgosa o cuarzo rosa.

Incienso: Geranio, rosa, fresa o verbena

Árboles: Almendro, manzano o abedul

Hierbas y aceites: Matricaria, artemisa, poleo, verbena o milenrama.

Metal: Cobre

Regencia astrológica: Tauro o Libra

Para toda la magia del amor, la fidelidad, el sexo sagrado, la reparación de las peleas, los derechos del medio ambiente, fertilidad, salud femenina, crecimiento gradual en todos los asuntos, belleza, amistad, reducción de la influencia de amantes destructivos y de la posesividad.

SÁBADO

Planeta: Saturno

Arcángel: Cassiel

Color(es): marrón, negro o gris

Elemento: Tierra

Cristales: Hematites, azabache, piedra imán, obsidiana o cuarzo ahumado

Incienso: Acónito, ciprés o pachulí

Árboles: Espino negro o tejo

Hierbas: Aspen, bistorta, consuelda, cola de caballo o sello de Salomón

Metales: Plomo y estaño

Regencia astrológica: Capricornio (corregente de Acuario)

Para asuntos inconclusos, finales, asuntos oficiales lentos, localización de objetos perdidos, animales, controla la adicción y la deudas, superación de depresiones, dolor y enfermedad, protección psíquica a largo plazo, localización de objetos perdidos (así de como animales y personas) y para marcar los límites.

ÍNDICE